KB240219

프로바둑강좌 · 완전초급 5

혼자서 배우는
포석의 기초

碁聖 大竹英雄 지음
프로바둑연구회 편

太乙出版社

머 리 말

이 독습법(独習法)의 테마는 포석(布石)이다.

포석은 말할 것도 없이 싸움의 전초전으로 서로 자군 (自軍)을 유리하게 이끌기 위해 호점(好点)을 얻도록 돌을 놓는 단계이다. 초심자라면 포석의 의의를 모르고는 물론 기술도 졸렬하다. 따라서 조금 강한 사람에게 부딪히면 초 반에 이미 우위에 서게 한다.

또 기력(棋力)이 비슷한 사람끼리라도 포석의 상수, 하 수의 차이로 전반에 차이가 벌어진다. 그때문에 중반에 그 불리함을 회복하는데는 상당한 어려움이 따른다. 그렇지 만 포석의 지식이 부족한 사람은 이미 차이가 벌어져 있 다는 것을 알 수 없다. 중반의 힘이 강하므로 어떻게든 호 각(互角)으로 싸울 수 있는데 만약 포석을 확실히 배워두 면 당연히 호각 이상이 될 것이다.

그리고 포석의 묘미는 여러가지로 구상을 해내는데 있 다. 두텁게 둘까, 집에 가깝게 둘까, 아니면 큰모양(大模 様) 작전으로 할까,—— 이것이 즐거움이다.

여러분은 아마츄어이므로 자유롭게 구상을 해 과감한 포석을 둘 수 있다. 그것을 실현하기 위해서도 기초적인 지식은 절대 중요하다. 그러한 지식을 배워 주었으면 해 서 이 책을 출판하였다.

저자 씀

차　례＊

● 이 책의 독습법 (独習法)

○ 좋아하는 포석 (布石)

포석이라 해도 가지가지여서 그것들을 완전히 마스터하는 것은 극히 어려운 기술일 것이다. 그러므로 배운 중에서 자신이 좋아하는 포석을 중점적으로 공부하면 좋을 것이다. 그러나 바둑은 자기 혼자서 두는 것이 아니다. 상대가 두는 포석에 대응할 수 있을 정도의 지식은 아무래도 필요하다.

○ 포석감각을 몸에 익힌다

이 책에서 든 포석의 형태는 비교적 최근 많이 사용되고 있는 것이 중심이다. 그러나 여기에 든 형태를 자유롭게 구사할 수 있게 되면 대부분의 포석에 대응할 수 있을 것이다. 어디가 큰 곳인가, 어떠한 점에 힘을 써 포석할까, 그러한 감각이 자연히 몸에 배게 될 것이다.

포석은 때로는 이론에 딱 들어 맞지 않는 착수(着手)도 요구되지만 그것도 곧 극복할 수 있을 것이다.

○ 판에 늘어놔 본다

지상(誌)으로 읽고 돌의 궤적(軌跡)을 쫓는 것만으로도 충분히 몸에 익는다. 그러나 시간적인 여유가 있다면 돌을 실제로 판(盤)에 늘어놓을 것을 권한다.

실제로 늘어놓고 전국적(全局的)인 관점에서 다음에 돌 착점(着点)을 찾으면서 차례로 놓아 가면 실전감각(実戦 感覚)이 몸에 배고, 포석을 읽는 힘도 향상될 것이다.

○ 마지막으로

여기에서 배운 포석은 기본적인 것이다. 그러므로 거기서 얻은 지식을 토대로 실전에서는 형태에 얽매이는 일 없이 과감하게 포석을 두라.

● 포석 (布石)에 대하여

포석 (布石)이란

바둑의 일국(一局)을 크게 나누면 초반전, 중반전, 종반전의 3 단계로 나눌 수 있다. 그 최초의 부분이 포석이다.

싸움을 시작하기에 앞서 가능한 한 유리하게 싸울 수 있도록 미리 자군(自軍)의 돌을 좋은 위치에 배치시켜 둔다. 이것을 포석한다고 한다.

따라서 포석이 잘 되면 초반에 우위(優位)에 설 수 있다. 포석이 견고하게 되어 있으면 그만큼 중반의 싸움도 쉬워진다는 이치이다.

그런 의미에서 포석의 지식은 숙달하는데 절대 빠뜨릴 수 없는 것 중 히니이다.

포석형 (布石型)

포석에는 여러가지 형태가 있다. 최근 유명한 것이 중국류포석(中国流布石), 또는 3 연성(三連星) 등이다.

귀(隅)의 놓는 법도 여러가지 형태로 달라진다. 또 자군의 돌만이 아니라 상대의 착수에 따라서도 바뀐다.

예를 들면 자신이 3 연성을 하려고 생각해도 상대가 막아 가운데로 끼어 들어오면 3 연승은 포기하지 않으면 안된다. 중국류로 해도 똑같다.

그러나 중국류는 소용없어졌다고 해도 거기서 새로운 형태가 생겨난다. 그렇게해서 생기는 여러가지 형태 중에서 자신이 좋아하는 형을 골라 그것을 익힘으로써 포석의 기술이 향상되는 것이다.

그럼 우선 포석을 크게 분류해 보자.

그것은 평행형(平行型)과 멜빵형으로 나눌 수 있다.

평행형은 자군의 돌을 우측이라면 우측의 위아래에 배치하는 형태. 멜빵형은 자군의 돌을 비스듬히(예를 들면 우상과 좌하)에 배치하는 형태이다. 이들 형태에도 여러 가지가 있어서 각기 나름대로의 특색을 갖고 있다. 대략 말하면 평행형은 모양바둑(模樣碁)이 되는 경향이 강하고, 멜빵형은 전투적인 바둑이 되는 경향이 있다고 할 수 있다. 이것은 어디까지나 경향이기 때문에 절대라고는 할 수 없다.

이상 두가지 형태 외에 수책류(秀策流 : 혹이 세 귀를 차지한다)도 있는데 이것은 백이 두 귀를 점거하지 못한 경우에 생기는 특수한 형태라 할 수 있다.

그 밖에 귀나 변보다도 중앙을 중시하는〈신포석(新布石)〉도 있는데, 이것은 역사적으로는 중요한 포석으로 특별히 기본을 배운 뒤에는 불필요한 것이나 이 책에서는 일부러 할애(割愛)하였다.

포석(布石)과 정석(定石)

포석과 정석과는 밀접한 관계가 있다. 극단적인 표현이지만 정석이 있기 때문에 포석이 성립하는 것이며, 또 포석에는 정석은 절대 빠뜨릴 수 없는 것이다.

귀에서 돌의 접촉이 생긴 경우에 거기서 뒤져서는 포석을 리드할 수 없기 때문이다.

따라서 포석을 익히는 한편 그 포석에 필요한 정석을 익히도록 해야 한다. 그 경우에 정석은 난해한 것은 필요없다. 간명한 정석을 채용하려고 애쓰면 그것으로 끝나는 것이다.

제1장

평행형의 포석

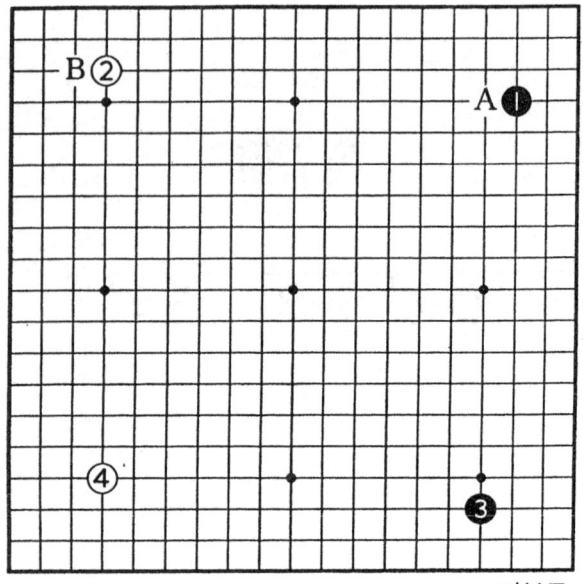

기본도

● 평행형 (平行型)의 포석에 대하여

기본도

흑 1, 3 으로 오른쪽에서 각각 소목(小目)을 두고, 백 2, 4 로 왼쪽의 귀를 소목과 화점(星)에 두었다고 하자.

크게 오른쪽에 흑, 왼쪽에 백이 배치되는 것이 평행형이다.

이 경우 귀의 놓는 법은 흑 1 이 A의 화점이든, 또 백 2 가 B의 3 · 3 이든 상관없다.

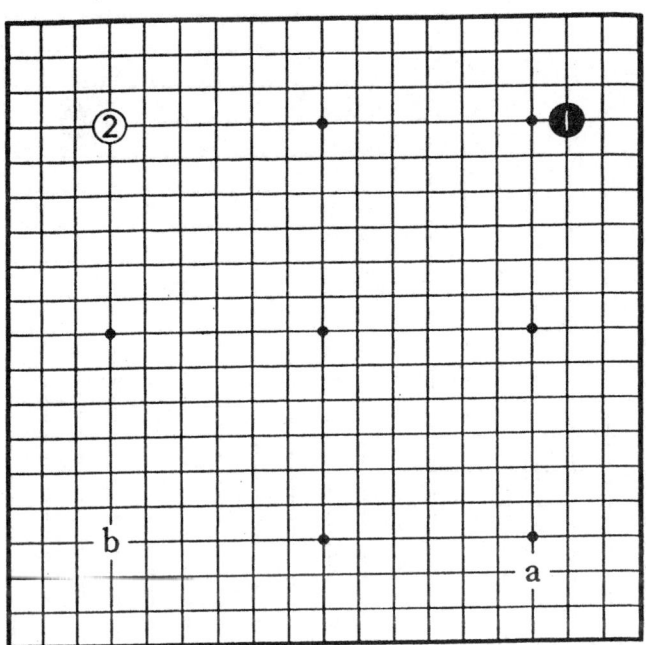

1 도

　요컨대 한 변을 흑이 차지하고, 다른 변이 백이면 평행형이 되는 것이다.

　그럼 평행형은 어떻게 생기는 것일까.

　1 도(흑에 선택권)

　우선 흑 1 로 우상귀에 두어 보자. 계속해서 백이 좌상에 2 로 두었다고 하자. 이렇게 되면 평행형으로 끌어가느냐, 멜빵형으로 임하느냐, 흑에게 선택권이 주어진다.

　즉 흑이 다음에 a로 우하귀를 차지하면 백은 b로 최후의 빈귀를 차지하여 이것은 평행형이 된다.

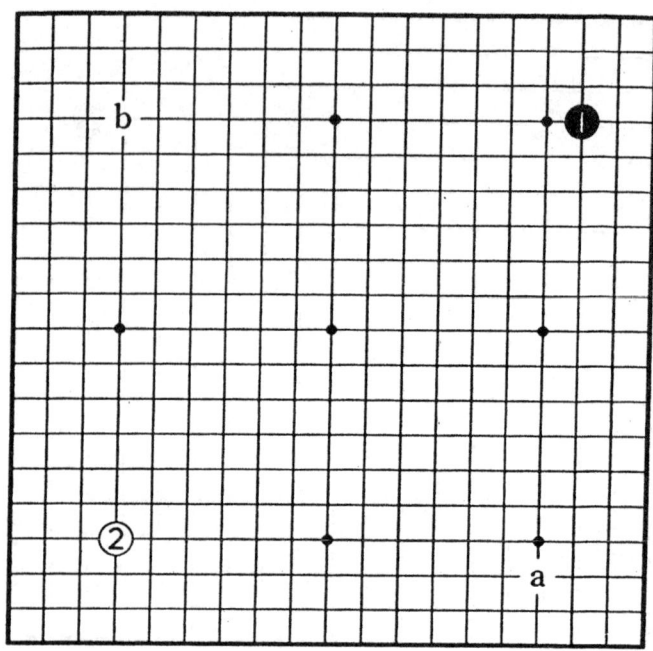

2 도

또 흑이 b로 좌하귀(左下隅)에 두면 백a로 우하귀(右下隅)를 차지하게 되어 이것은 멜빵형이 된다.

백 2 는 흑에 그 선택권을 양보하게 된다.

2 도(평행형)

만약 백이 2 로 좌하귀를 차지하면 이것은 어떻게 두든 평행형이다. 흑a라면 백b, 또 흑b라면 백a로 어떻게 하더라도 평행형이 되기 때문이다.

결론으로 흑에는 어떻게 하든 평행형을 채용할 권리가 있으며, 백도 2 도를 취하면 평행형이 될 수 있다.

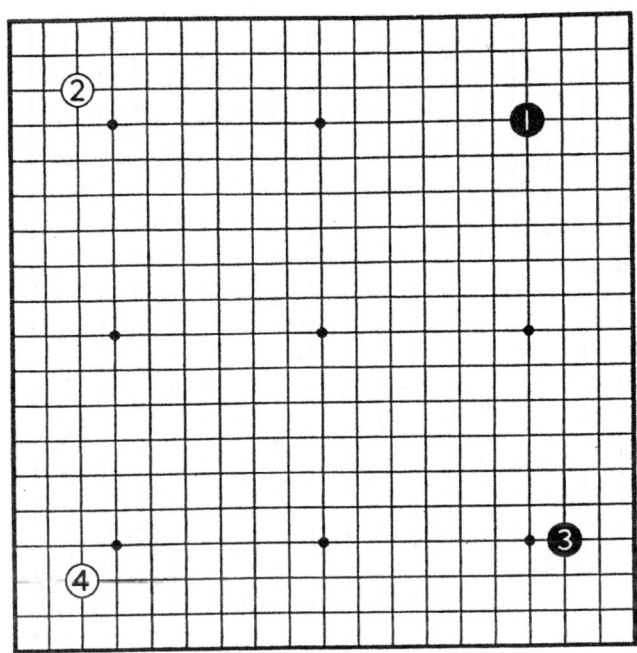

3 도

3도(兩3·3)

흑1·3, 백2·4가 되면 평행형이다.

이 경우 흑은 1이 화점, 3이 소목이다. 여기에 대해서 백은 2·4로 모두 3·3을 차지했다. 이것을 일반적으로 '3·3'이라 부르고 있다.

'3·3'은 여기서는 좌측의 귀를 차지하고 있으나, 이것이 만일 멜빵의 형태로 3·3을 차지해도 역시 양3·3이라 부르고 있다. 그 경우 흑이 화점을 차지하든 소목을 차지하든 관계는 없다.

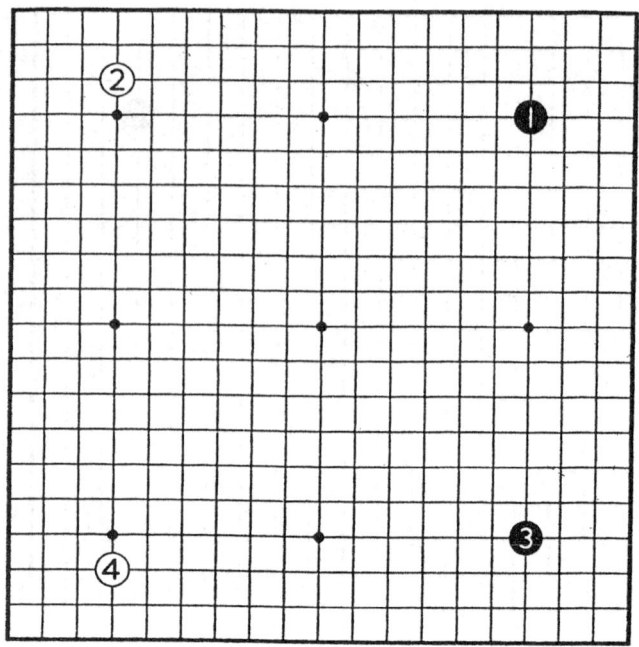

4 도

4 도 (2 연성 · 맞소목)

똑같은 평행형이라도 이 흑1 · 3 은 모두 화점.

이것을 '2 연성(二連星)'이라 부르고 있다.

흑의 2 연성에 대하여 백2 · 4 는 모두 소목이다. 그러나 이 소목은 서로 마주 대하고 있기 때문에 '맞소목'이라는 명칭이 붙여졌다.

2 연성은 다음에 3 연성을 까는 포석이라고도 생각할수 있으나 상대가 나오는데 따라서 반드시 3 연성을 깐다고는 할 수 없다.

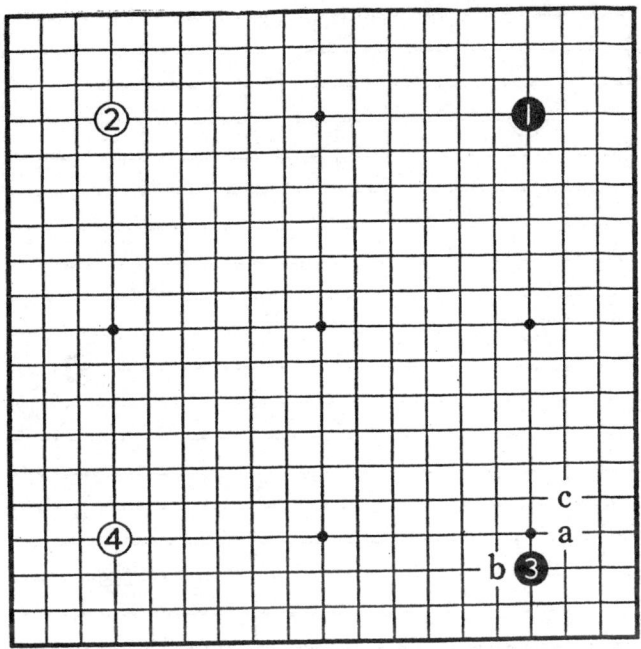

5 도

5도(화점과 소목)

흑1을 화점에 두고 3을 소목으로 두는 포석도 많이 사용된다.

흑3은 a의 소목에 두는 것도 성립된다. a에 있으면 백이 4로 좌하귀를 차지했을 때, 흑은 b로 굳힐 수가 있다. 이 포석도 많이 둔다.

한편 백은 2 · 4로 2연성을 하고 있는데, 물론 이것이 다른 포석이라도 상관없다.

또한 흑이 3으로 둔 뒤에——

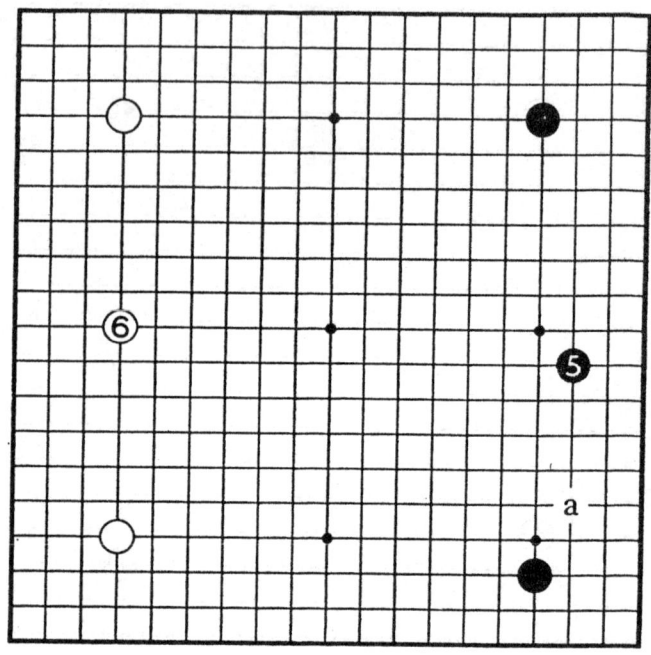

6 도

6 도 (중국류)

굳이 흑 a로 굳히지 않고 5 로 변의 화점 옆에 두는 중국
류의 포석이 유행하고 있다.

5 도에서 흑 1 을 화점, 3 을 소목에 둔 것은 실은 본도
(本図) 5 로 중국류로 준비할 의도가 있었다고 볼 수 있다.

혹 백이 혹의 중국류 포석을 거부한다면 5 도 백 4 에서
c로 걸치게 되는데, 그대신 동도(同図) 혹 4 로 좌하귀(左
下隅)를 빼앗겨 혹에게 세 귀를 점거하게 만드는 것이다.
이상이 평행형의 주된 것이다.

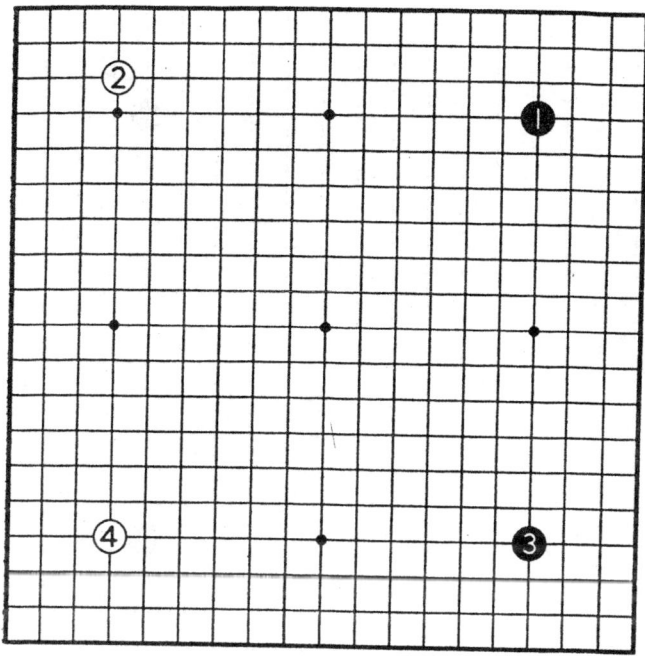

제 1 형

1. 2연성(二連星)

한 번에 두 귀의 화점을 차지하는 것이 2연성이다. 이 2연성을 둘러싼 포석에 대하여 연구해 보자.

○제1형

흑1·3이 그 2연성. 문제는 백이 다른 변에서 어떻게 포석하느냐로 흑의 대응 방법이 바뀐다. 먼저 백2를 소목으로 배치하고 4를 화점에 배치한 포석에서 생각해 보자.

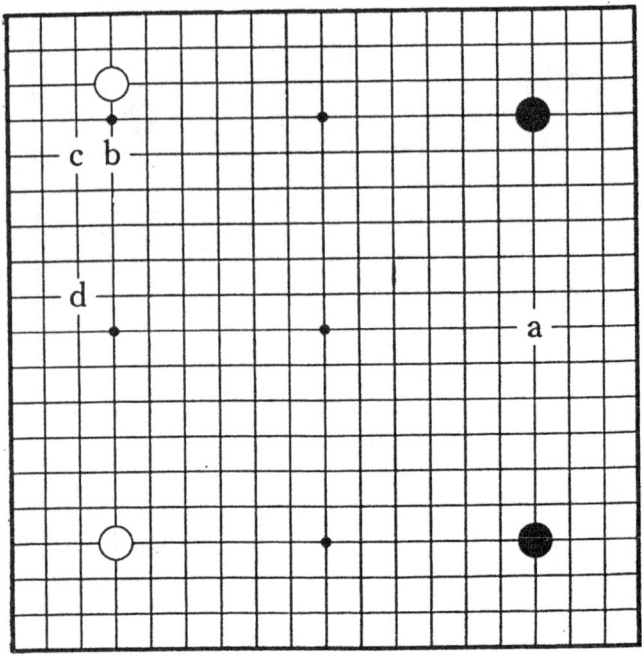

1도

1도 (방침)

이것은 상도(上図)를 재게(再揭)한 것. 흑차례(黒番)이다.

흑으로서는 2연성 후 a로 변의 화점을 차지하여 3연성(후술)으로 향하는 것도 한 방법이다.

그러나 좌상귀(左上隅)의 백이 소목이므로 3연성을 깔기 전에 흑b나 c에 걸쳐가는 것을 충분히 생각할 수 있다. 그것은 흑a로 3연승을 깔아 백b나 백c, 혹은 백d로 준비하게 하는 것을 피하기 위해서이다.

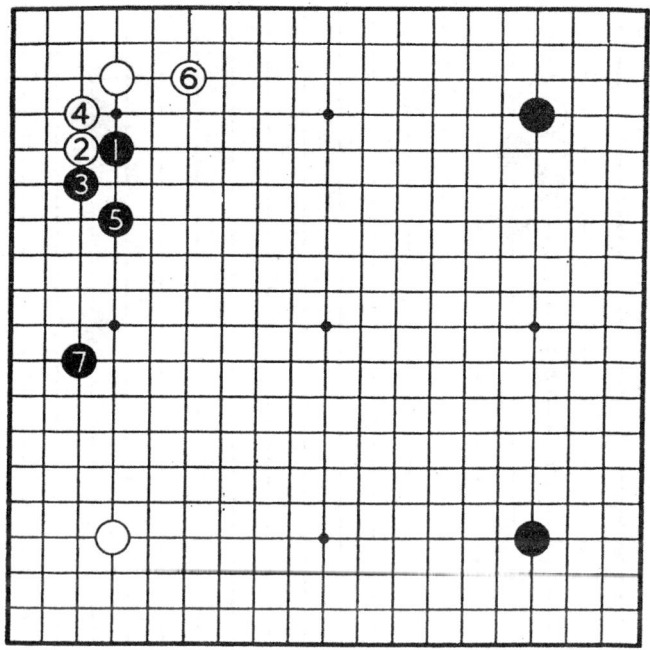

2 도

2 도(우선 걸침)

소목은 좌상귀의 백 뿐이다. 따라서 포석의 3 원칙에서 보면 흑1 (흑2 도 있다)로 걸치는 곳.

백이 2 로 붙여 흑3 으로 누르면 흑7 까지는 기본 정석이다.

백의 차례이다.

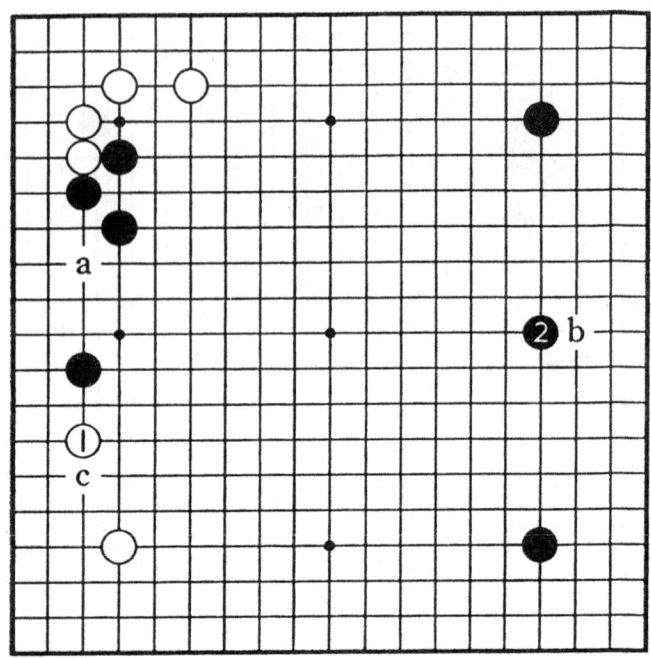

3 도

3 도 (3 연성)

2 도의 뒤에 백 1 의 메움이 a의 뛰어듦을 보고 절호의 큰 곳이 된다.

만일 백이 이 혹의 3 연성을 꺼리면 백 1 의 메꿈으로 b로 가르기를 하게 될 것이다. 그러면 혹은 c로 좌하의 화점에 걸치게 된다.

이 혹c의 걸침은 좌변의 혹의 세력권을 강화하는 절호점(絶好点)이므로 보통이라면 백b의 가르기 보다도 이 도 1 의 메워 벌리기를 둘 것이다.

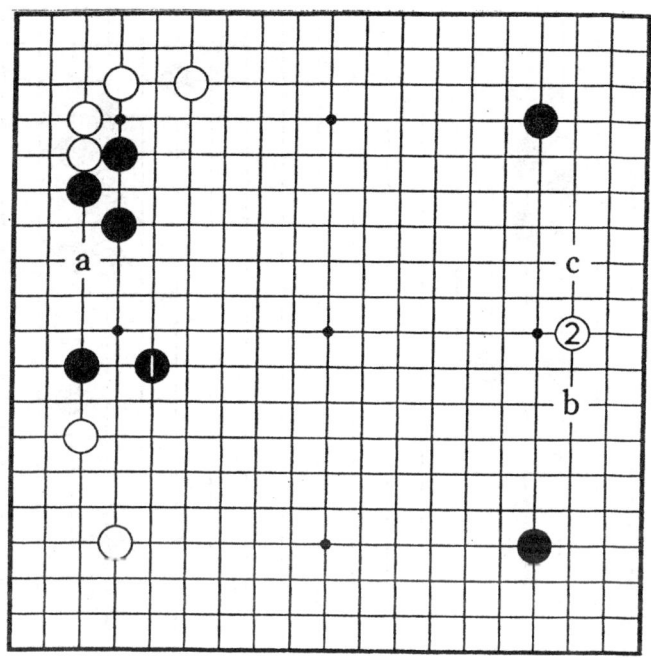

4 도

4 도(가르기)

3 도 혹 2 로 3 연성을 깔 수에서 백a의 뛰어들기를 막기 위해 본도 1 로 뛰고 있는 것도 견실하다.

그럼 이번에는 백도 2 로 가르게 된다.

여기서 흑이 b에서 메우느냐, 아니면 c에서 메우느냐, 어려운 상황인데 만일,

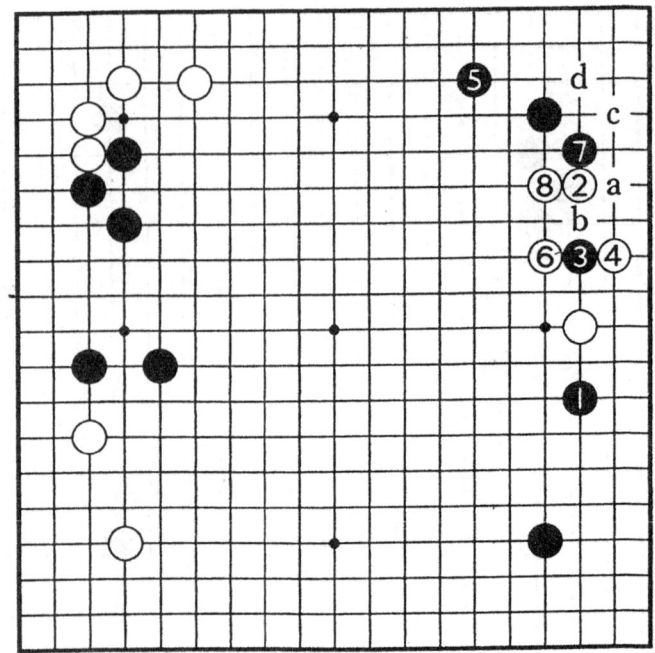

5 도 (변화의 일례)

흑1로 메웠다고 하자. 그 경우의 변화의 일례를 나타
내 둔다. 백2로 벌리면 흑3으로 뛰어들어 보는 것이 엄
한 수이다.

단, 백8에서는 a의 내림이 보통이다. 그러나 이 8의
세움도 아주 두터운 수이다.

또한 도중 백2에서는 뛰어들기를 막아 b로 두 칸으로
벌리고 있는 수도 있으며, 또 흑3에서 5로 응하고, 백c,
흑d, 백6으로 준비하는 수도 있으나 백을 쉽게 안정시킨
다는 점에서 약간 불만이다.

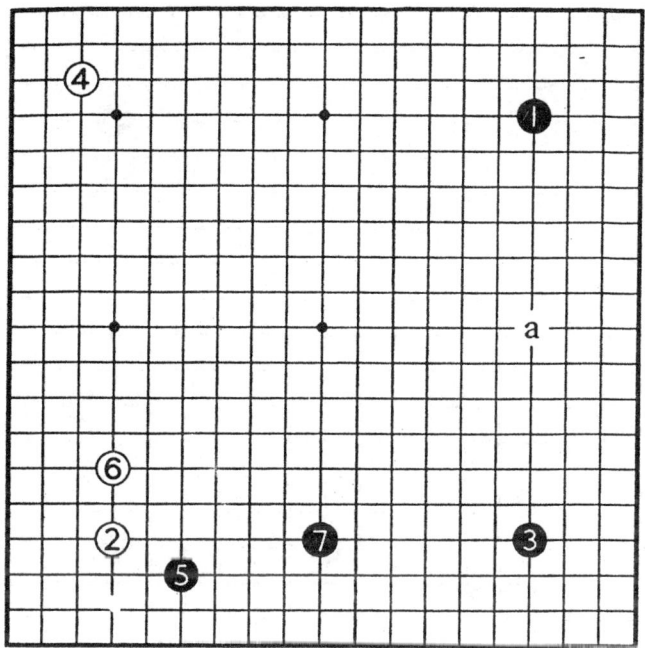

제 2 형

○제 2 형

혹 1 · 3의 2 연성에 대해 백이 한쪽을 화점, 다른 쪽을 3 · 3으로 둔 포석을 가정해 보자.

여기서 혹 5로 걸치는 진행을 받아들인다.

물론 좌변의 백의 배치가 어떻게 될 것인가로 5의 걸침에서 혹 a로 3 연성을 차지할 수는 있다.

본도 혹 5 · 7로 준비하느냐, 아니면 혹 a로 3 연성을 까느냐는 각자의 취향에 따른다.

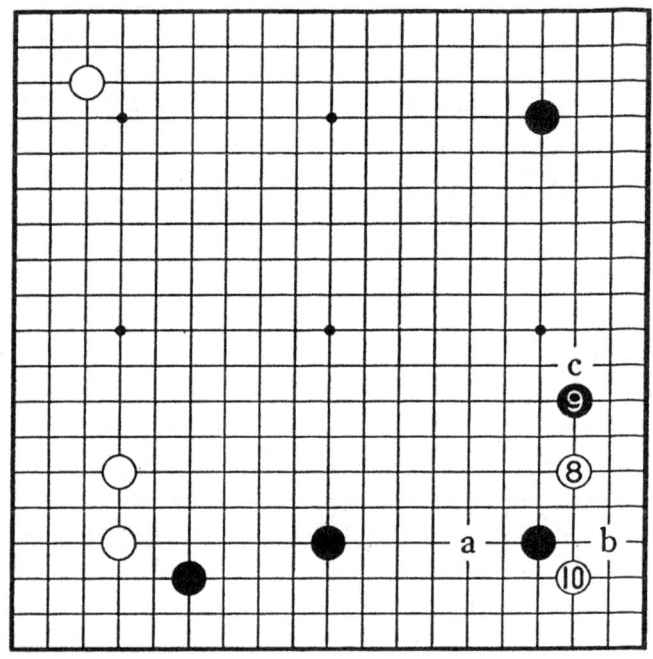

1 도

1 도 (3 · 3 들어가기)

상형 후에 백 8 로 걸치게 될 것은 충분히 예상할 수 있다.

여기서 흑의 2 연성을 살리는 방법은 흑 9 의 한 칸 협공이다.

흑 9 에서 평범하게 순순히 a로 한 칸에 받고, 백 b로 흑 10, 백 c라는 정석을 채용할 수도 있으나 이것은 어딘지 잔바둑이 될 것 같은 느낌이다.

백 8 에는 9 로 엄하게 협공하는 것이 재미있을 것이다.

이것에 대해서 백은 10 으로 3 · 3 에 들어가는 정도.

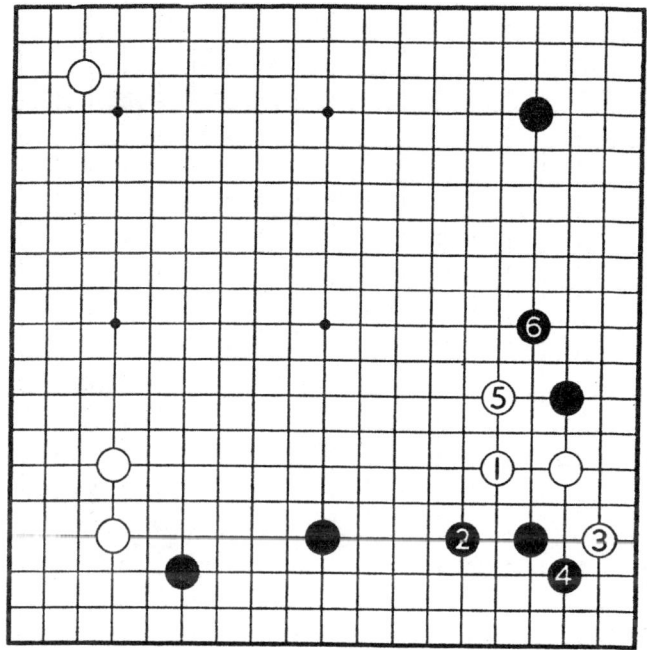

2 도

2 도 (난처한 백)

1도 백10의 3·3 들어가기에서 이 1과 같이 뛰어나
오는 것은 흑2로 응하게 하고, 백3 이하 흑6 이라는 진
행이 되었다고 가정해도 백은 도무지 편치 않다.

그동안 흑은 우변과 하변의 양쪽을 두게 된다. 이것은
정말이지 괴로운 백의 모습이다. 거기서 1도와 같이 백10
의 3·3 들어가기를 두게 되는 것이다.

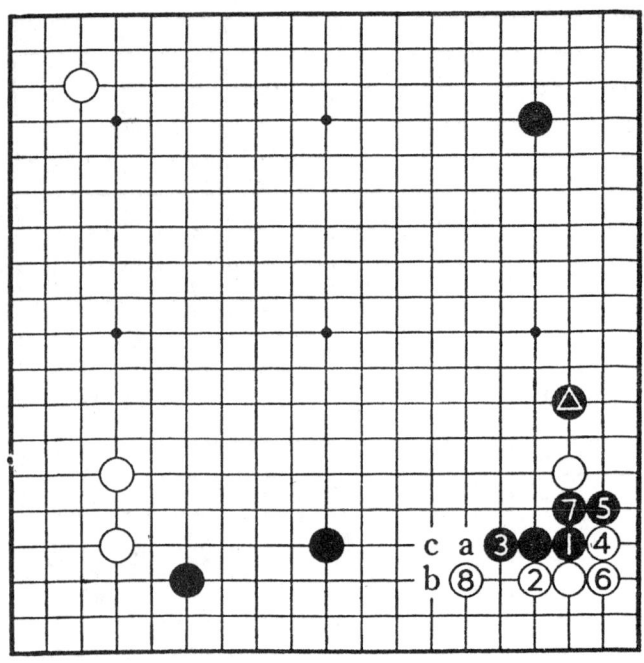

3 도

3도(방향이 잘못됐다)

단 1도에 이어 흑1로 가로막는 것은 방향이 틀리다.

백2 이하 8까지가 정석이지만, 계속해서 흑a, 백b, 흑c로 되면 상당한 세력을 쌓을 수 있는데, 그 세력과 ● 와의 간격이 너무 좁다.

그 만큼 움직이기에 부족하다고 생각할 수 있다.

그 원인은 흑1의 누름에 있었다. 따라서 3·3으로들 어가게 된 때는 어느 쪽에서 누르면 좋을 지 미리 파악한 뒤에 결정하는 것이 중요하다.

그럼 올바르게 누르는 법과 변화를 나타낸다.

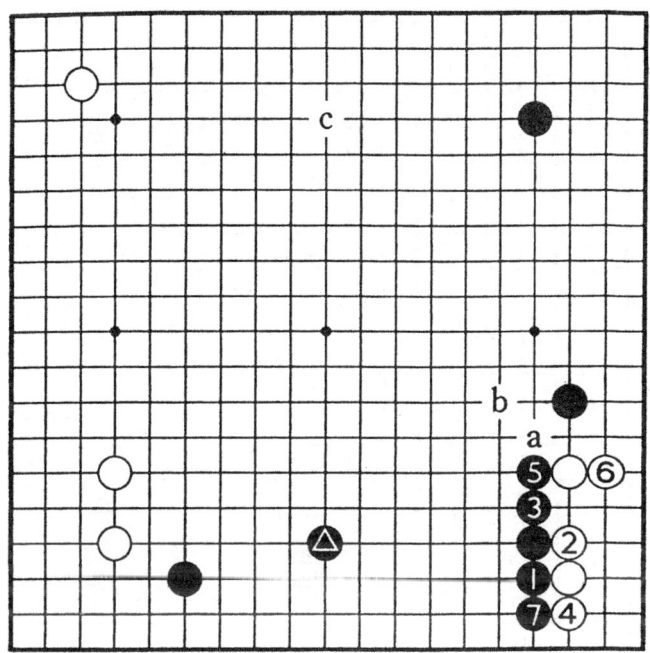

4 도

4 도 (올바른 변화)

흑1로 누른다. 이러한 누름의 방향을 헤아리는 판단의 기준으로서 흑1로 ●와의 폭이 넓은 쪽을 누른다——고 기억해 두면 좋을 것이다.

백2 이하 흑7까지는 정석이다. 이렇게 된 결과를 보면, 여기서 생긴 세력과 ●와의 폭이 이상적이라는 것을 알 수 있다.

또한 흑7에서는 백a의 젖힘으로 준비하여 흑b로 두는 수도 있다. 우하귀의 정석은 선수이므로 계속해서 상변 c 의 방면으로 향하게 될 것이다.

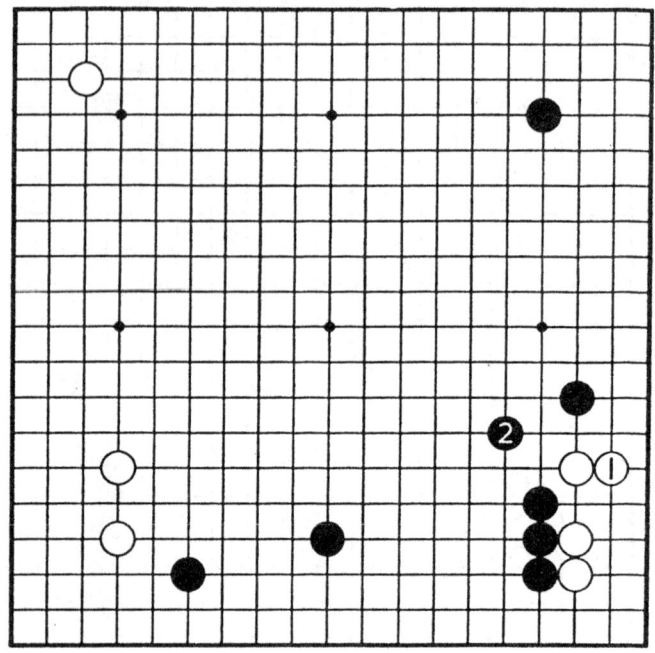

5 도

5 도

4 도 백 **4** 의 내림에서는 종래는 **1** 로 내리고 혹 **2** 로 날일자로 봉하는 것이 보통이었다.

그러나 최근에는 귀의 집을 중시하는 경향에서 4 도 백 **4** 로 내리는 변화를 채용하는 사람도 늘었다. 그렇다고는 해도 일장일단이 있어 이 정석이 나쁘다는 것은 아니다.

그럼 4 도에 이어질 진행을 생각해 보기로 하자.

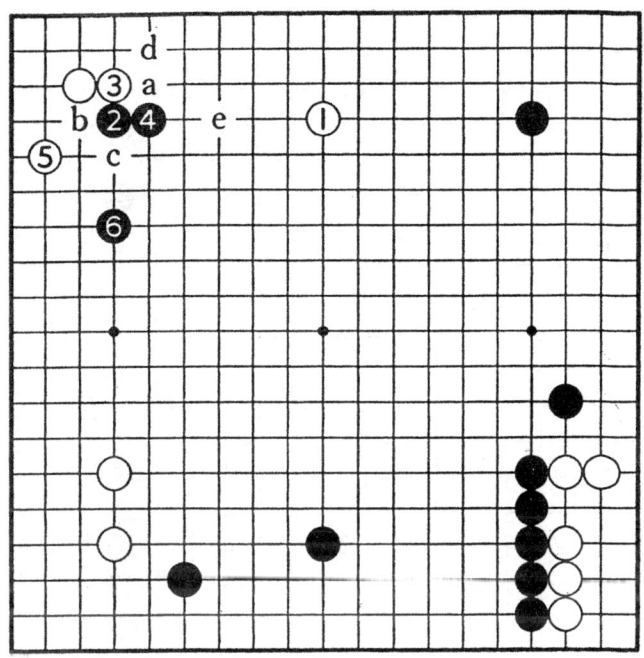

6 도

6도(3·3을 둘러싸고)

백 1은 중목(衆目)이 일치하는 호점(好点)이다. 이　점을 흑이 차지하면 상변에서 우변, 다시 하변으로　흑모양이 넓어진다.

백 1에 대해서 흑 2의 화점으로의 걸침을 재촉한다. 백 3 이하 흑 6까지가 상법(常法).

이 흑 2에 대해서 백 3의 뻗음은 '좁은 쪽으로 뻗는다'는 것이 원칙이다. 백 1이 먼저 있어　흑a의 누름의 가치가 그만큼 낮기 때문이다.

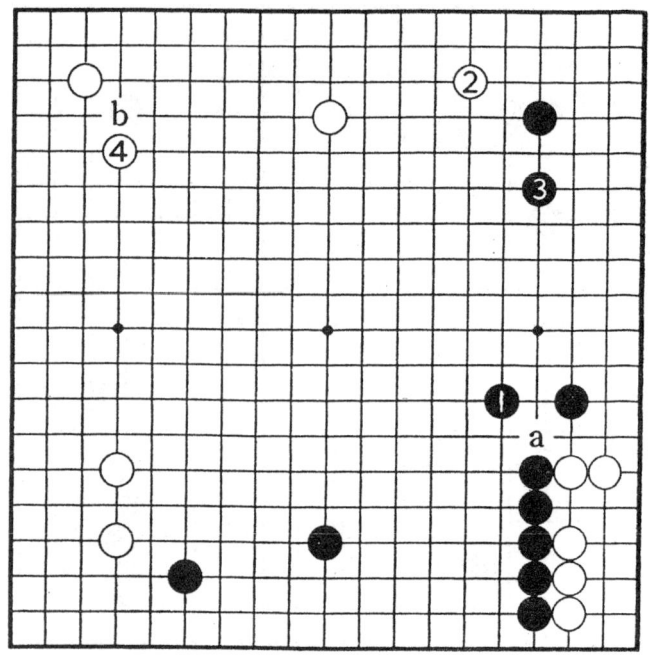

7도

백3에서 b로 뻗으면 흑c, 백d, 흑e가 되어 1의 한 점이 약간 어중간한 곳에 있는 것을 알 수 있다.

그럼 흑2를 재촉하는 이유에 대해서 이야기 한다.

7도(이상적인 백 모양)

가령 백a의 젖혀냄에 대비하여 흑1로 두었다고 하자.

백은 2에서 4로 준비한다. 상변의 백 모양이 이상형이 된다. 또한 백2에 대해서 흑은 바로 b로 3·3에 걸칠 지도 모른다. 그래서 백2를 두지 않고 바로 백4로 굳히는 것도 생각할 수 있다.

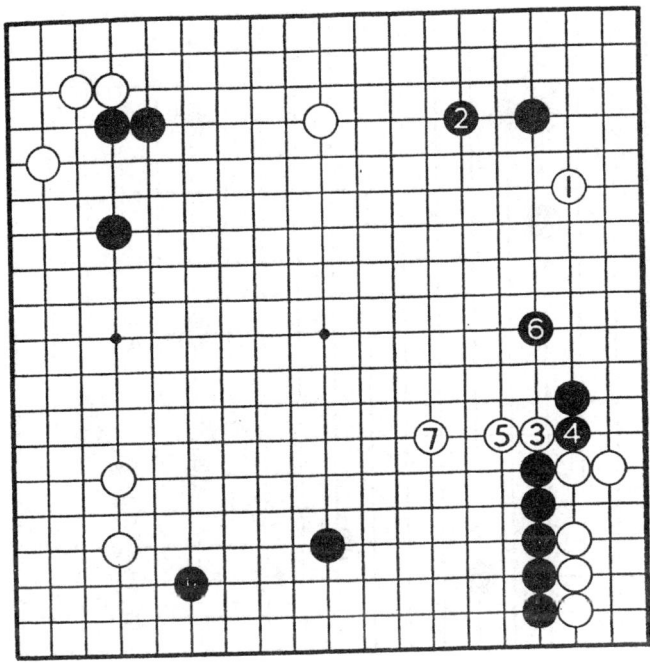

8 도

8 도 (실전례)

6 도까지에 이어서 백 1 로 걸치고 흑 2 이하 백 7 까지로 진행한 실전례가 있다.

제14기 명인전 리그에서 산부준랑(山部俊郞) 9 단과 맞섰을 때의 초반전이다.

백 1 은 다음에 3 의 젖혀냄을 노린 포석. 3 에는 당연히 흑 4 로 끊고, 백 5 이하 7 까지가 하나의 형이 되어 있다.

포석은 이 부근에서 끝나고 슬슬 중반전에 돌입한다.

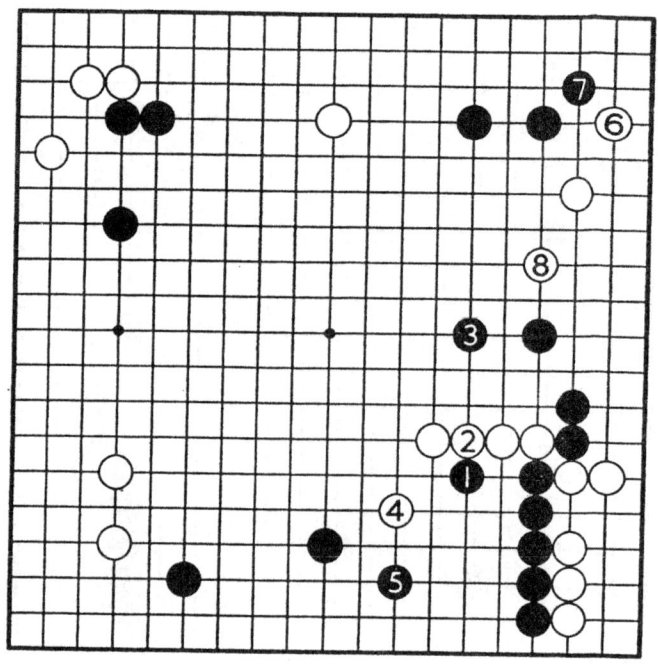

9 도

9 도 (중반전)

対 山部戰에서는 흑 1 의 엿봄을 살려 3 으로 뛰었다.

백은 4 를 살려 6·8 로 위쪽에서 근거를 만들었다.

이 단계에서의 전황(戰況)을 보면 백에는 상변의 한 점, 우변상방의 3 점, 그리고 하방의 5 점으로 약한 돌이 세 군데에 생겼다. 한편 흑이 우선 조심하지 않으면 안되는 것은 우변 중앙의 넉점 뿐이다. 따라서 흑으로서는 비교적 두기 쉬운 기세(棋勢)가 되어 있다.

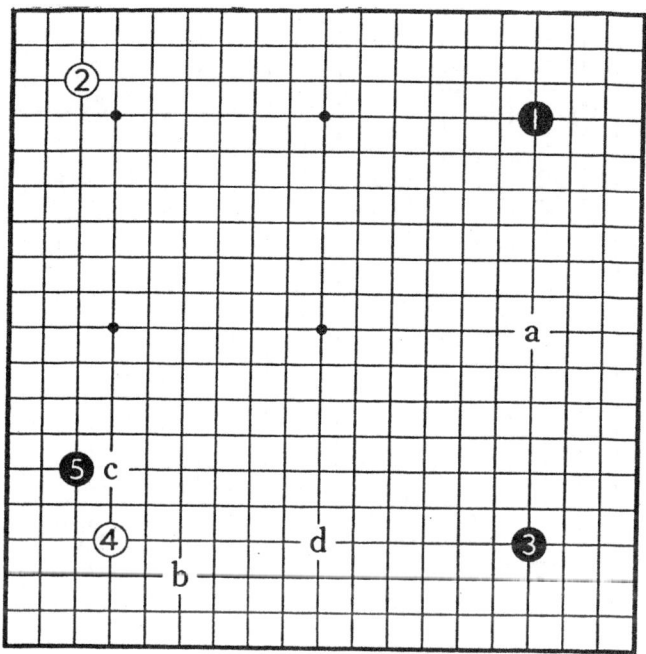

제 3 형

○제 3 형

흑 1 · 3 의 2 연성에 대해서 백은 2 가 3 · 3, 그리고 4 가 화점이라는 배석(配石).

여기서 흑a로 두면 3 연성이지만, 그것은 뒷전으로 미루고 흑5 로 화점에 걸쳐가는 형도 있다.

화점에 대해서는 반대 방향에서 흑b로 걸쳐 백c에 흑d로 준비하고, 3 의 화점과 함께 하변에 모양을 만드는 것이 보통인데, 이만큼 넓은 단계에서는 어느 것이 좋다고 무조건 단정할 수는 없다.

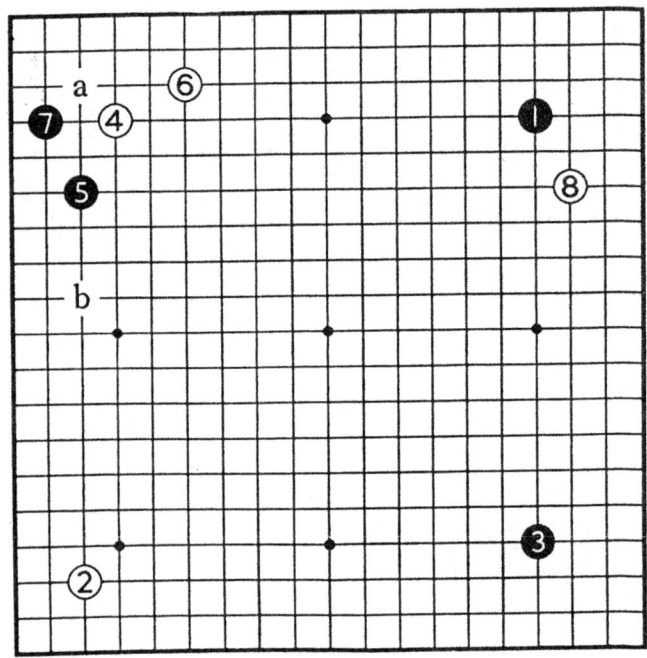

1도

1도(실전례)

제3형이란 백2와 4의 위치가 반대인데 이것은 대칭이므로 똑같은 것이다.

흑5로 걸치고, 백6에 흑7로 달린 실례를 들어본다.

제5기 기성전에서 필자는 흑7의 달림에 대해서 손을 떼 백8로 걸쳤다. 백a라면 흑b이지만 상황에 따라서는 다음도(次図)──

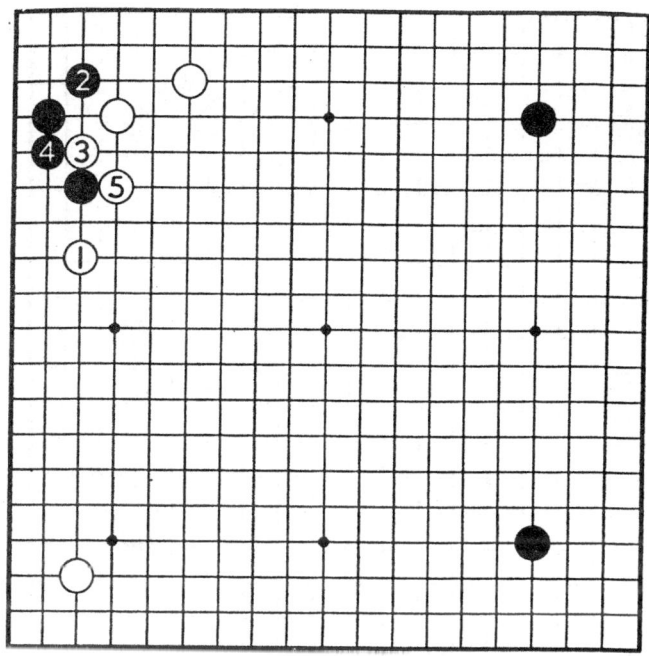

2 도

2도(손을 뗀 의미)

백1에서 끼우는 수(手)도 유력해진다.

1도 백a로 응하느냐, 본도 백1로 끼우느냐의 선택의 여지가 있는 이상 손을 떼는 것도 바람직할 것이다.

흑도 자연히 2로 3·3으로 들어가고 백3 이하 5로 쉽게 결정되면 흑의 실리, 백의 세력의 갈라짐이 된다.

1도 흑7에 손을 뗀 것은 그러한 의미가 있기 때문이다.

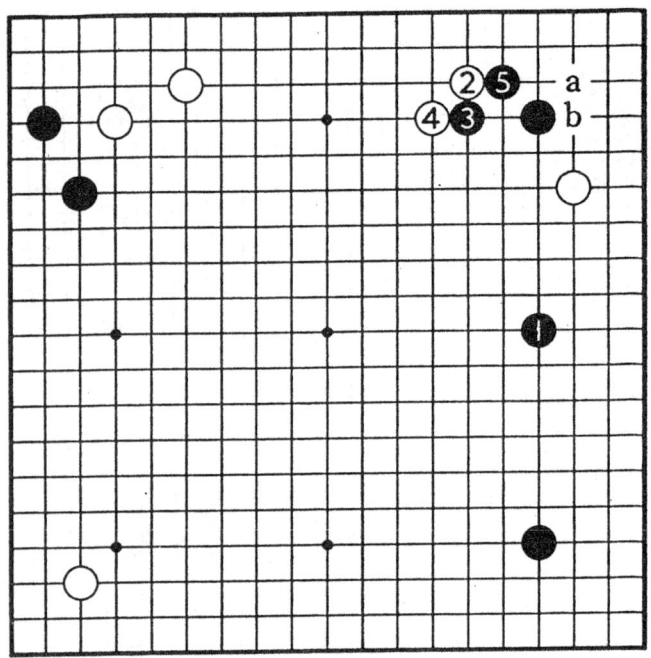

3 도

3도 (2연성의 활용)

1도에 계속해서 흑1로 끼우는 것이 2연성의 활용법의 하나.

흑 백이 2에서 a로 3 · 3으로 들어가면 흑b로 가로막아 우변에 큰모양을 형성한다. 백은 상변에 돌이 치우치게 되므로 좋지 않다.

그런 이유에서 백2의 양걸침을 취했다.

'상대의 강한 쪽으로 붙이라'는 양걸침의 원칙에 따라 흑3으로 붙였다. 그리고 흑5의 누름.

프로 바둑에서는 이 붙여 누름을 많이 둔다.

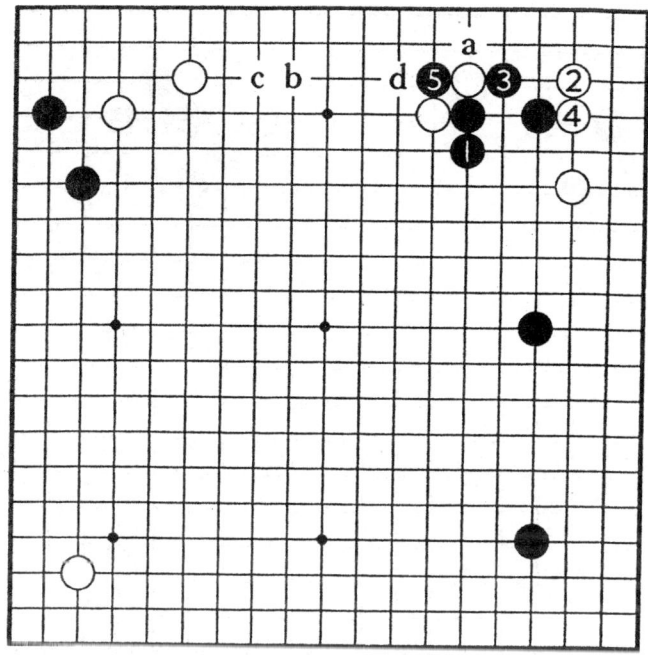

4 도

4 도(붙여뻗음의 검토)

전도 흑5에서 붙여뻗는 것은 백2로 3·3에 들어가
게 하고, 자연히 흑5까지로 되는데, 이 모양은 설령 백
b로 두어도 a의 내림도 보여 좋지 않다.

또 백이 손을 떼 흑c로 메우는 바둑이 되었다고 해도 장
래 백d의 단수에서 노리게 하는 의미도 있으며 별로 밸런
스가 좋지 않다.

이러한 점을 고려한 뒤에 3도 흑5가 선택된 것이다.

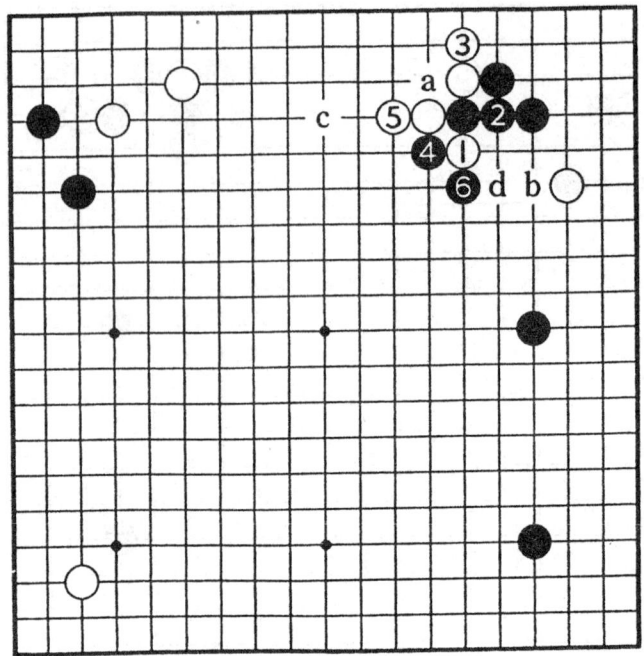

5 도

5 도 (진행)

백1의 단수에서 3으로 내려갔다.

이 내림이 집에 가장 가혹한 수법.

그래서 백a로 메우면 흑에 b로 메워져 c의 뛰어들기를 노리게 하므로 좋지 않다.

또 그 3에서 d로 연락하는 정석도 있으나 흑a, 백5, 흑3으로 빠져있어 백은 어쩐지 얇은 모양이 된다.

결국 흑4로 끊고, 6으로 감싸는 변화가 되었다.

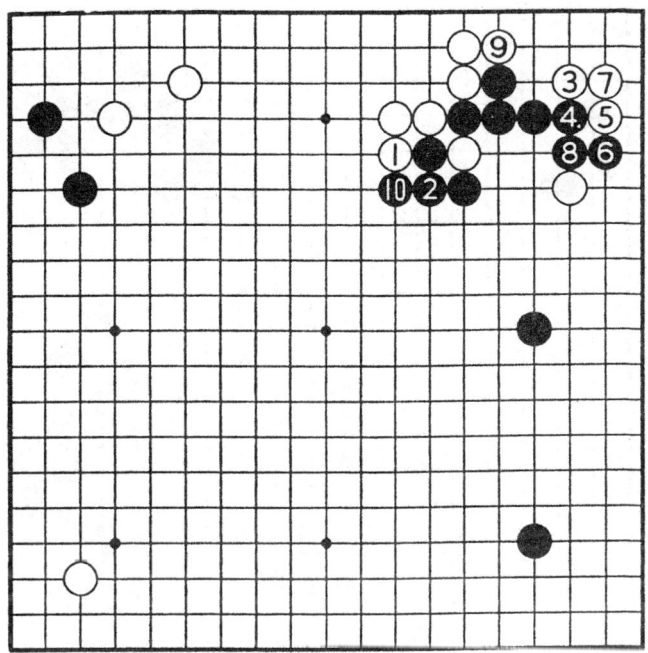

6 도

6 도 (2 연성의 활용)

백 1 로 대고, 3 에 뛰어들어가는 것이 상법.

흑은 4 로 가로막고 이하 백 9 로 연락하게 되었으나 즉각 흑 10 으로 밀어 왔다. 여기는 흑백 쌍방에 있어서 세력의 필쟁점(必爭点)이다.

이 흑 10 까지의 결과를 보면 흑의 2 연성의 성과가 잘 나와 있다.

2 연성의 활용법의 하나로서 참고하길 바란다.

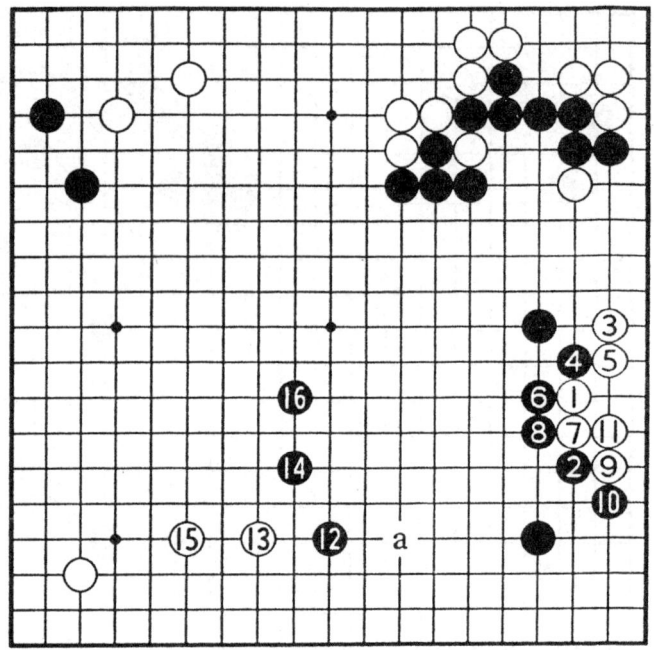

7 도

7 도 (침입과 공방)

백은 이제 방치할 수 없다. 1로 침입하였다. 그러나 흑
2 이하 백 11 까지 압박되고, 흑 12 의 큰 곳으로 돌게 하
여 흑의 페이스이다.

흑 16 에 이어 백 a로 들어가 승부로 갔다.

◇ 학습의 포인트 1

(1) 2 연성은 3 연성을 까는 전제.

(2) 2 연성 사이를 가르고 들어가면 그 돌을 공격하여
모양을 형성한다.

(3) 대책으로서 중앙 화점 아래의 가르기가 있다.

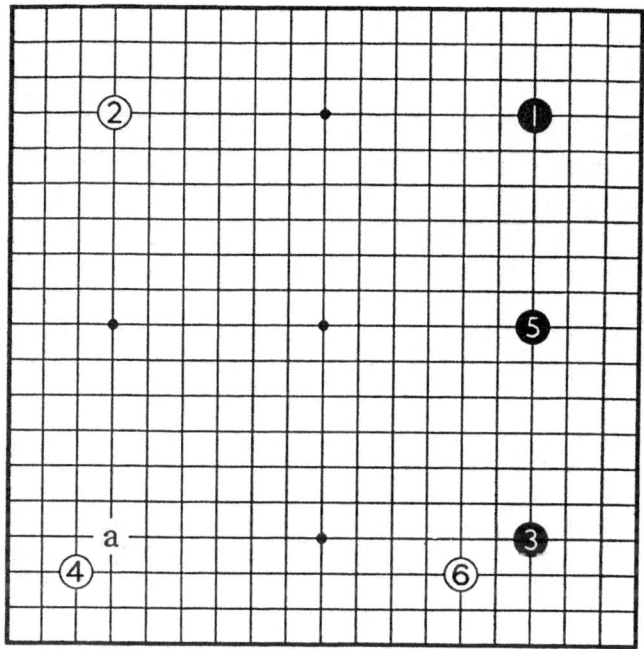

제 1 형

2. 3 연성(三連星)

2 연성의 항(項)에서 이야기한 바와 같이 한 변의 세개의 화점을 차지하는 포석을 3 연성이라 부르고 있다. 2연성에서 발전한 준비이다.

○제 1 형

백 2 가 화점, 4 가 3 · 3 이라는 형을 들어본다. 백 4 가 a의 2 연성이라면 완전히 대치형이 된다.

또 백 2 · 4 에서는 각각 소목으로 둘 수도 있으며, 그

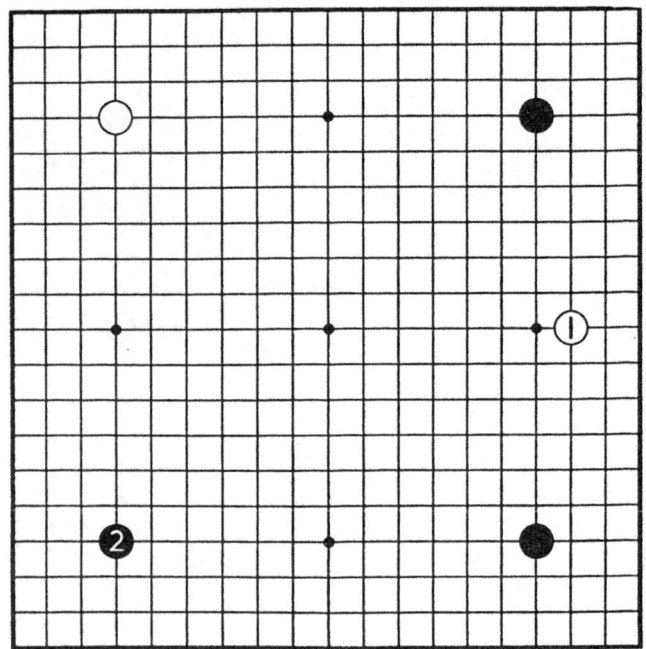

1 도

경우 돌의 흐름은 역시 변하고 있다. 그 점을 머리에 두
고 백 6 의 걸침의 형태로 맞붙여 보라.

　1 도(세 귀를 차지한다)

　상형의 3 연성을 깔게 되는 것을 꺼려 그 백 4 에서 본도
1 로 가르면 흑은 2 (소목도 좋다)로 나머지 한 귀를 차지
할 수 있다.

　흑으로는 3 연성의 구상이 끊겼으나 세 귀를 점거할 수
있어 충분히 만족할 수 있다.

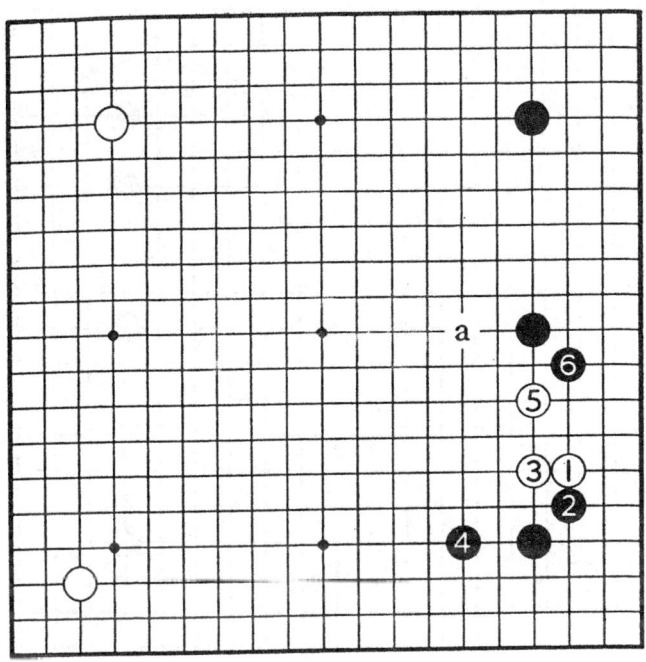

2 도

2 도 (3 연성의 기대)

3 연성에서 모양 형으로 들어가는 것이 하나의 패턴. 백
이 그것을 꺼려, 예를 들면 1 로 가르고 들어가는 것은 흑
에게 의중을 헤아리게 만든다.

흑은 바로 2 로 마늘모 붙임, 이하 6 까지로 백의 일단
(一団)을 공격하는 것이 엄한 수이다.

단 흑 6 에는 a로 뛰어 크게 공격할 수도 있다.

어쨌든 백으로서는 바로 3 연성의 사이로 가르고 들어
갈 때가 아니다.

46

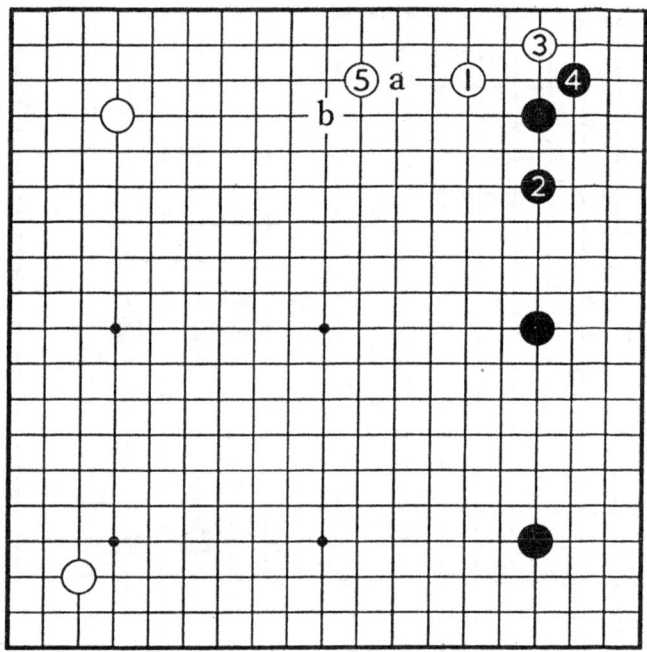

3 도

3 도 (일반형)

백 1 로 상방(上方)에서 걸치는 수도 있다.

흑 2 로 응하면 백 3 · 5 로 대비한다. 기본 정석이지만 흑에게 우변에 세력권을 주어도 백도 상방에 모양을 충분히 형성할 수 있다.

이 형에서도 알 수 있듯이 흑으로서는 3 연성을 어떻게 활용하느냐. 그것은 백이 나오는데 따라서 달라지지만, 또 흑의 태도에 따라서도 달라진다. 예를 들면 이 흑 2 에서 a 나 b 로 협공함에 따라 이 바둑은 전혀 다른 것이 된다.

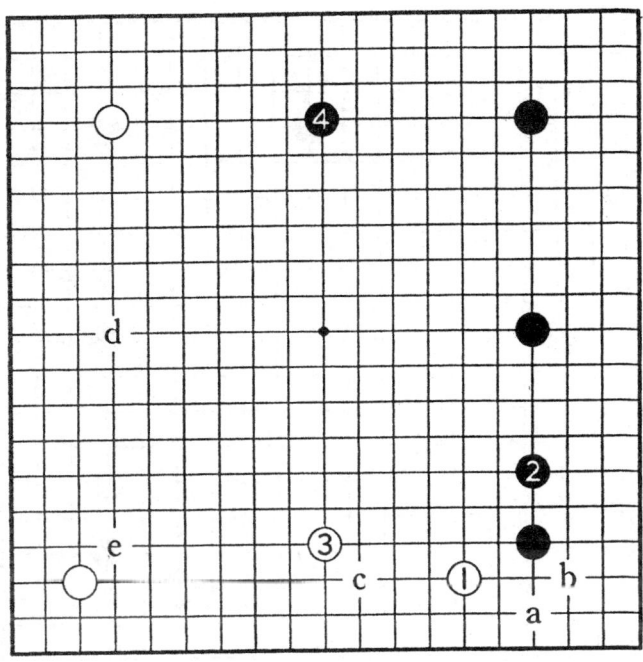

4 도

4 도 (큰 곳의 다툼)

제1형 백6의 걸침을 이 1로 바꾸어 보자.

흑으로서는 2로 응하고 있는 것이 무엇보다 침착하다.

백3으로 대비하면 흑은 이제 한 쪽의 큰 곳 4를 차지하여 대항한다.

백이 그 3으로 흑 a로 달려 흑b, 백c가 되어도 흑은 4를 차지할 수 있다.

흑은 우변에서 상방으로 세력권을 구축한다. 이것에 대해 백은 하변에서 좌변으로 세력권을 구하게 된다.

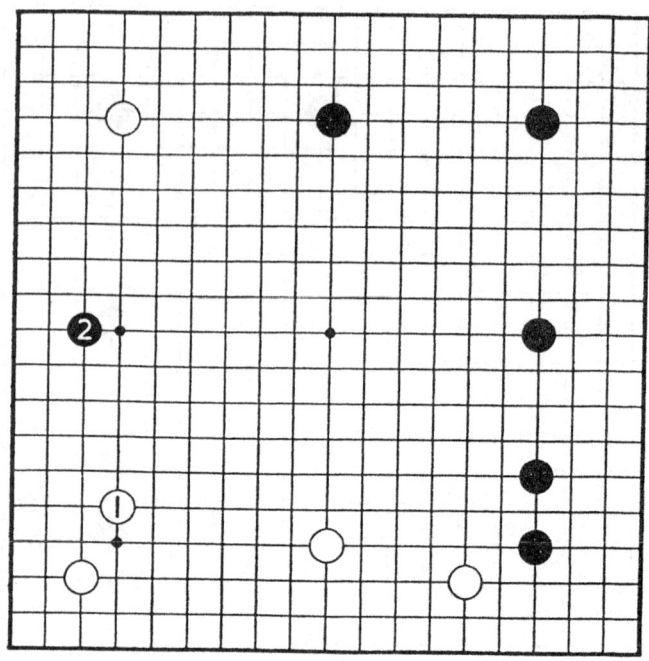

5 도

계속해서 눈에 띄는 큰 곳은 백d인데, 그러면 흑e의 어깨붙임이 유력.

그 어깨붙임을 꺼리면——

5 도 (3 · 3으로부터의 대비)

백 1 의 대비(굳힘이라고 한다) 가 호점이다. 3 · 3을 살리는 방법으로서 반드시 기억해둘 것.

백 1 로 대비하고 다음에 백 2 의 큰 곳으로 돌리면 최고이다. 그러나 흑도 쉽게 그것을 허락할 수는 없다.

그래서 흑 2 의 가름이 호점이 된다.

49

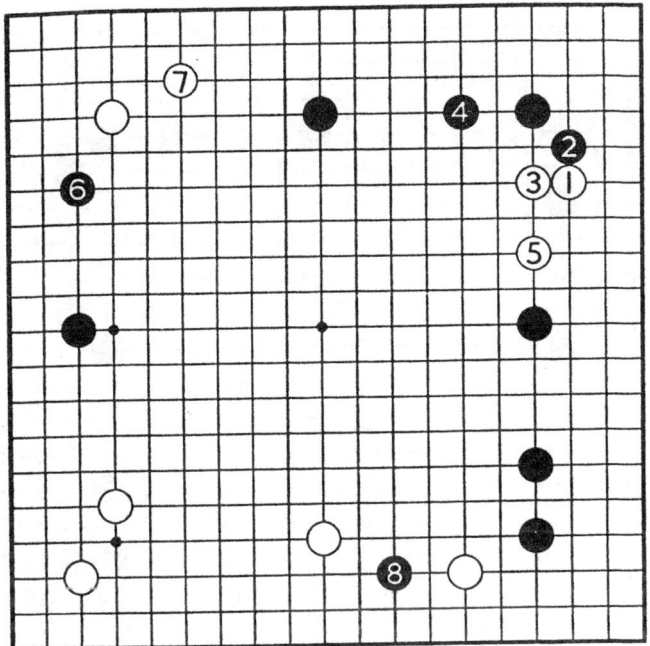

6 도

6 도(가르고 들어간다)

백은 좌변의 모양 형성이 막혔으므로 슬슬 흑의 모양내로 들어살 찬스이다.

백1로 3연성 속으로 가르고 들어간다. 이것을 방지하여 흑4로라도 대비하게 되면 좀 들어가기 어려워진다.

흑2·4는 공격의 상법. 백으로서는 다소 답답하겠지만 하는 수 없다.

이 부근에서 중반전으로 들어간다. 흑6은 큰 곳인데 흑8로 뛰어들어 드디어 싸움이다.

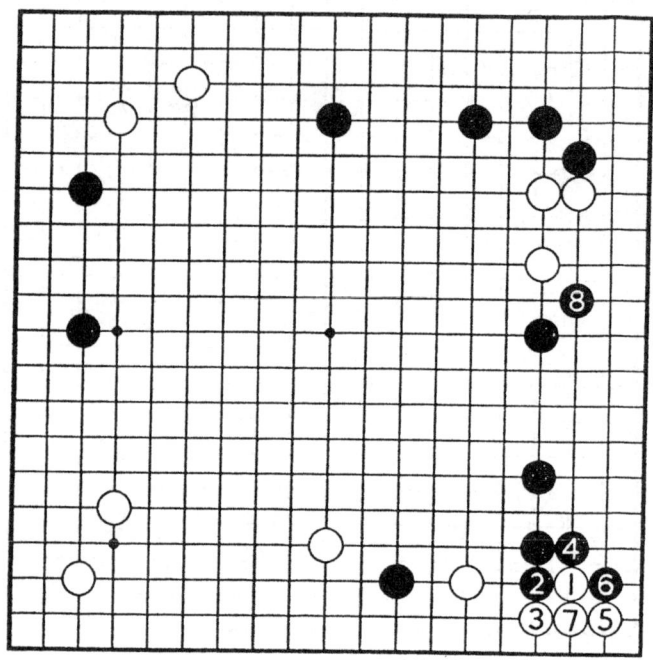

7 도

포석의 단계에서는 큰 곳을 차지하는 것이 보통이나 상황에 따라서는 큰 곳을 방치하여 싸움을 거는 쪽이 좋은 결과를 기대할 수 있는 찬스도 있다. 그 판단은 여러분 각자가 해야할 것으로 그렇게 하지 않으면 안된다는 루울은 없다.

참고로 이후의 싸움에 대하여 도시(図示) 한다.

7 도 (진행도)

백은 바로 1 로 3 · 3 으로 들어가 변화를 꾀한다. 백7 까지 상형(常型)이다. 흑8 이 엄한 공격.

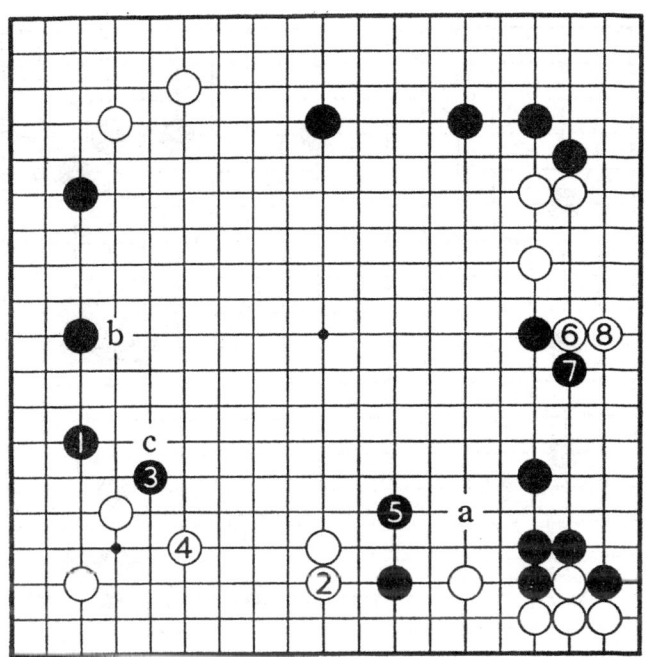

8 도

8 도(백 안정된다)

7 도 흑 8 에서 이 1 의 메움도 절호점(絶好点)이다.

백은 2 로 굳히게 될 것이다. 이렇게 굳혀 두지 않으면 하변의 백집까지 망치게 된다.

또 백 2 는 동시에 a 로 뛰어 흑의 한 점을 크게 삼킬 수 (手)를 보고 있다.

흑 3 은 백이 b 로 붙이려는 의도나 백 c 의 모양의 확대를 방해하는 작용. 그리고 5 로 뛰어나온다.

이렇게 진행하면 백도 6 · 8 로 안정되어 느긋한 바둑 이 된다. 이것을 피한 것이 7 도 8 이었다.

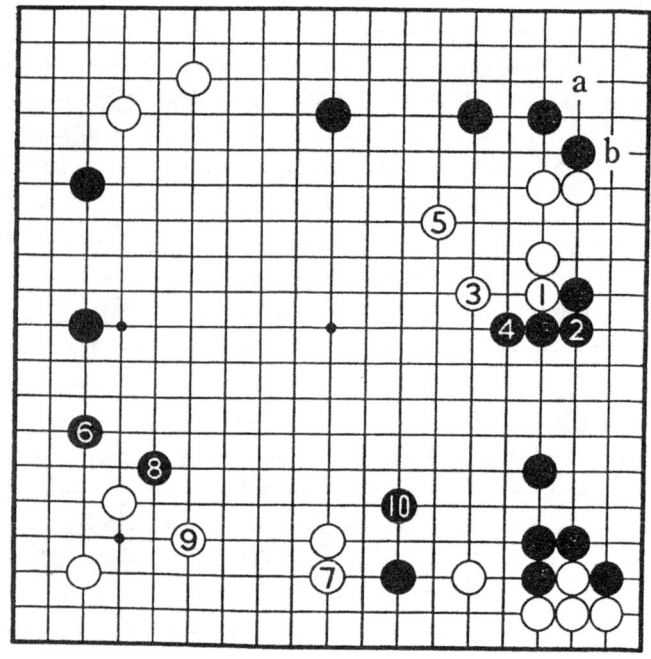

9 도

7 도에 이어서——

9 도 (중반전)

백 1 이하 5 로 보강하는 것도 한 방법.

단 흑 2 · 4 로 하방을 굳히게 되므로 그것이 아깝지 않은 상황이 아니라면 이렇게 둘 수 없다.

또 백 1 에서 그저 5 로 눈목자로 뛰고 있는 경우도 있다. 흑은 계속해서 6 의 호점으로 돌아, 이하 10 까지 진행시켰다. 이어서 백a로 침입하고 흑b로 가로막아 싸움에 들어간다.

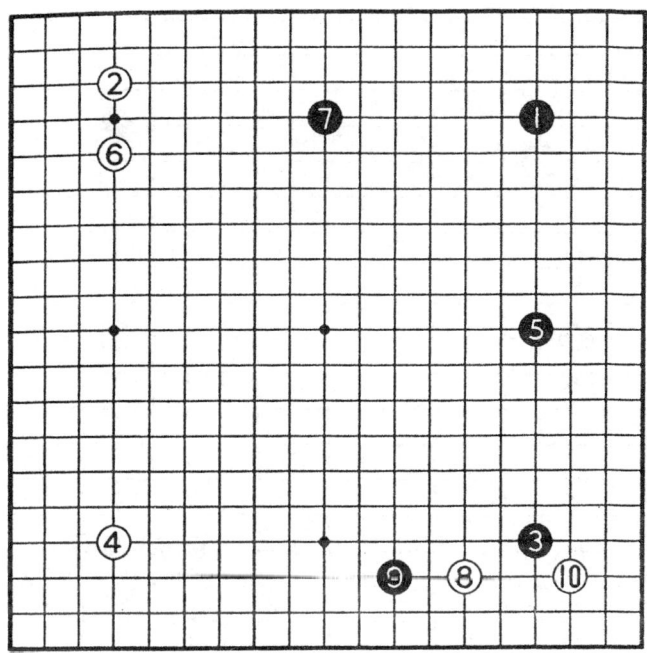

제 2 형

○제 2 형

여기서는 백 2 의 소목을 들어본다.

흑 5 에서 6 으로 걸치는 변화는 2 연성의 항에서 이미 이야기하였다.

흑 5 로 3 연성을 깔면 백은 흑이 좌상귀로 걸쳐오지 않았으므로 6 으로 굳힌다.

흑 7 은 이 한 수라고도 해야 할 큰 곳. 이곳을 백에게 빼앗기면 좌상의 굳힘을 뒤로 백의 큰모양이 형성된다.

백 8 의 걸침에 흑 9 로 한 칸에 협공하는 것은 3 연성을

54

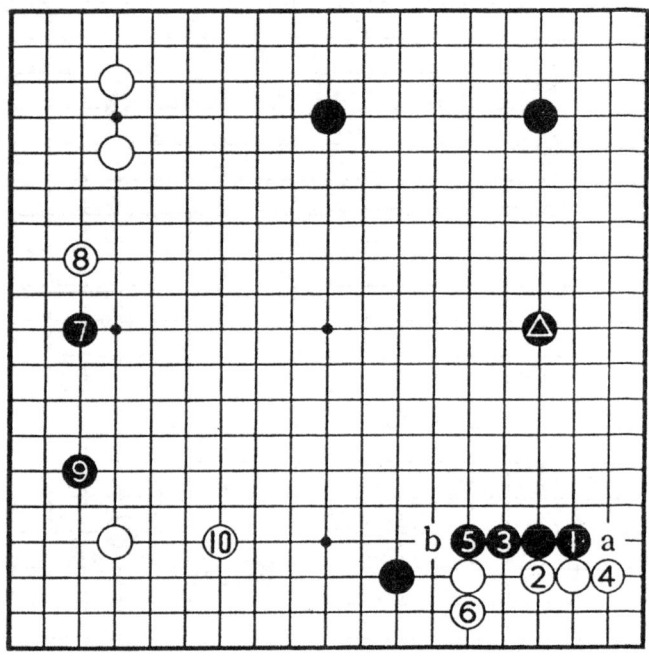

1도

살리는 한 방법이며, 이 형의 특징이다.

백10의 3·3 들어가기가 보통.

1도(모양 작전)

흑1에서 누르고, 이하 백6까지가 정석이다. 3연성의 ●의 한 점을 작용하게 하려는 작전.

흑7의 가름은 당연히 백7의 대비를 막은 것. 무엇보다 흑7에서 a로 누르고 들어가는 수도 있다.

백10은 흑모양을 의식하여 백b를 노린 두 칸 벌림.

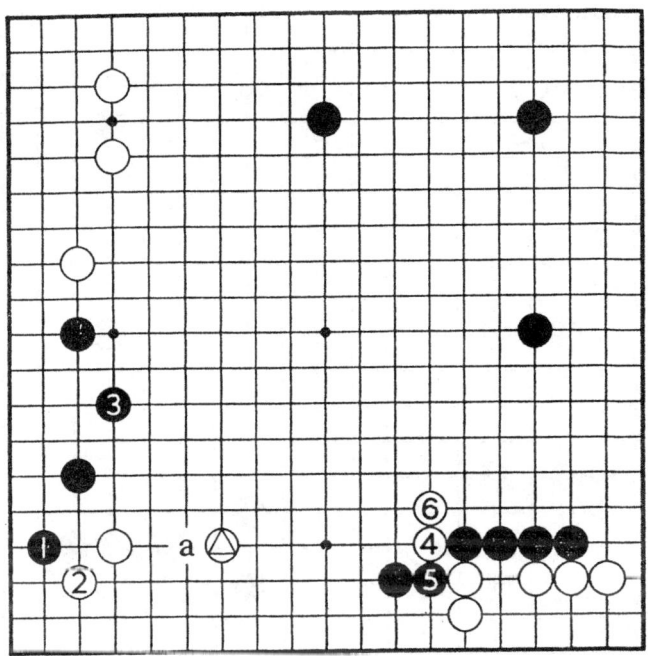

2 도

2도(백의 페이스)

다시 말하면 흑 1·3으로 대비하면 백 4로 젖혀내 싸우려 한다는 것이다. ⬡가 a의 한 칸에 있는 것보다도 흑에 있어 엄한 수단이 된다.

하방의 흑 두 점이 탈출을 꾀하면 자연히 우변의 흑모양이 소멸된다는 수는 생각대로 되고 있다.

이것은 흑에 있어서 너무 가혹하므로,

3도(실전례)

1로 대비하는 것이 묘수(本手).

백은 당연히 2로 뛰어들어 간다.

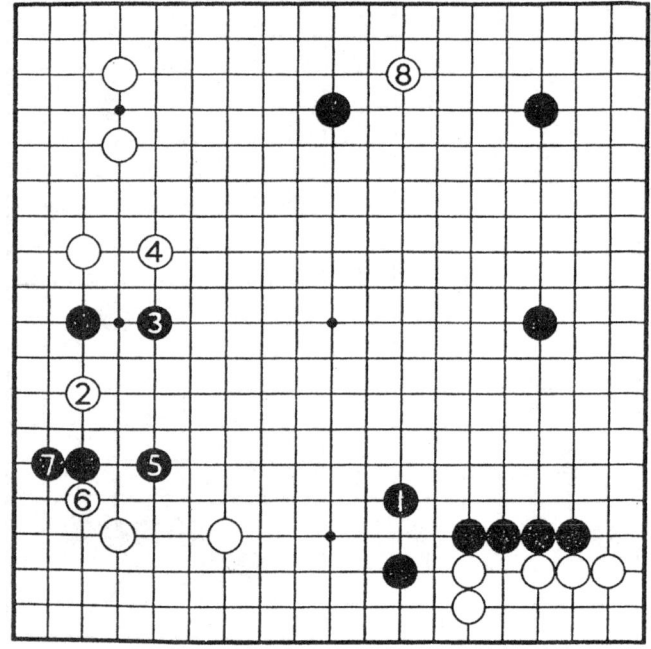

3 도

혹 3 이하 7 까지로 되어 백은 선수(先手)를 쥐고 8 에 뛰어들어 간다.

이 바둑은 제 6 기 명인전에서 武宮正樹本因坊(혹)과 둔 바둑의 초반전이다.

이 형은 3 연성을 살려 큰모양을 형성한다는 것.

3 연성의 전형적인 패턴의 하나이다.

앞으로의 싸움은 이 혹모양을 둘러싸고 백이 얼마나 잘 없애느냐, 혹은 혹이 어떻게 집으로 만들어 가느냐에 촛점이 모아진다.

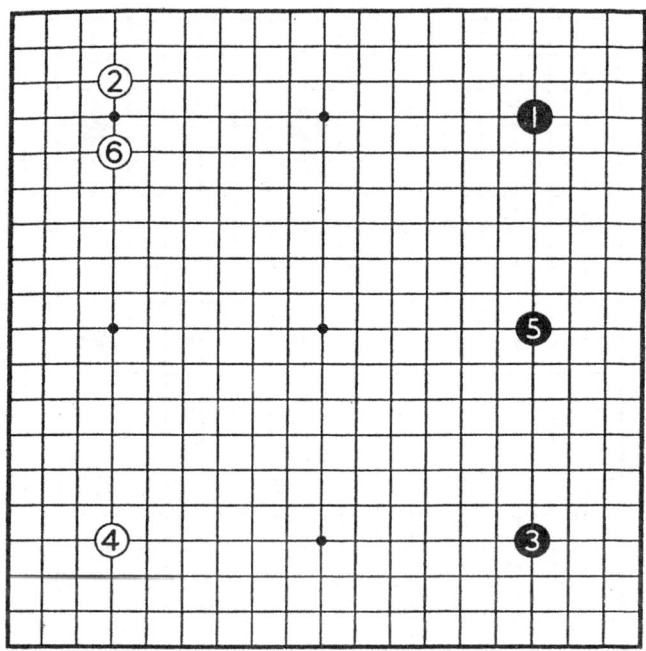

4 도

4 도(소목으로 대항)

혹의 3연성에 대한 백의 포석의 방법 여하로 그 후의 놓는 방법이 바뀌는 것은 당연하다.

백 6까지 제 2 형에 나타낸 진행과 똑같다. 여기서 파생하는 변화도 상당히 여러 갈래에 걸치는데 일례만 들어 본다.

포석의 순서로 보아도 굳힘이나 걸침. 그렇지만 백 2 이외에는 모두 화점이므로 원칙적으로는 백 6 의 굳힘이 보통.

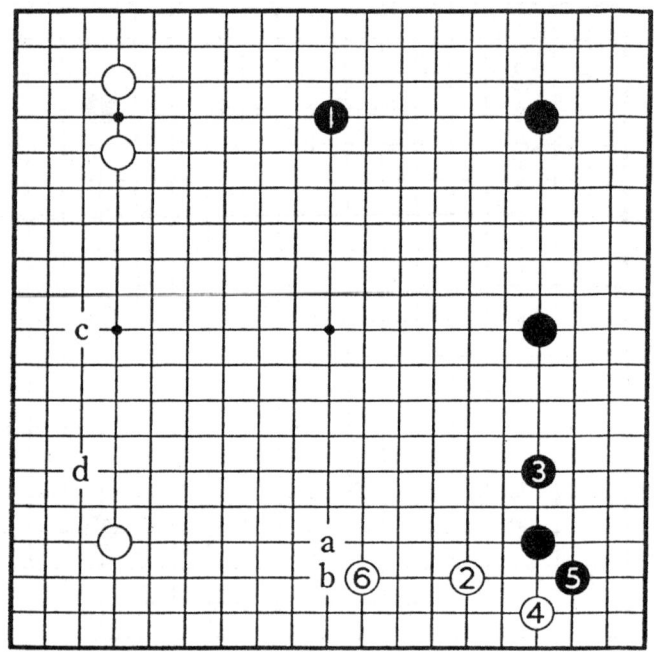

5 도

5도(최대의 큰 곳)

굳힘이 완료되면 다음은 큰 곳.

이 배석(配石)으로는 흑1이나 흑a(또는 b)이다.　그러나 상변은 좌상(左上)의 백이 굳히고 있을 뿐이며 모양의 중심점으로서 최대의 큰 곳이 된다　(제2형과 같다).

다음은 하변.

백a로 큰 곳을 차지해도 둘 수 있으나 그 밖에　백2로 걸쳐 6까지로 마무리하는 것도 한 방법이다.

하변이 끝나면 다음은 좌변.　흑c의 가름 또는 흑d의 걸침에 눈이 간다.

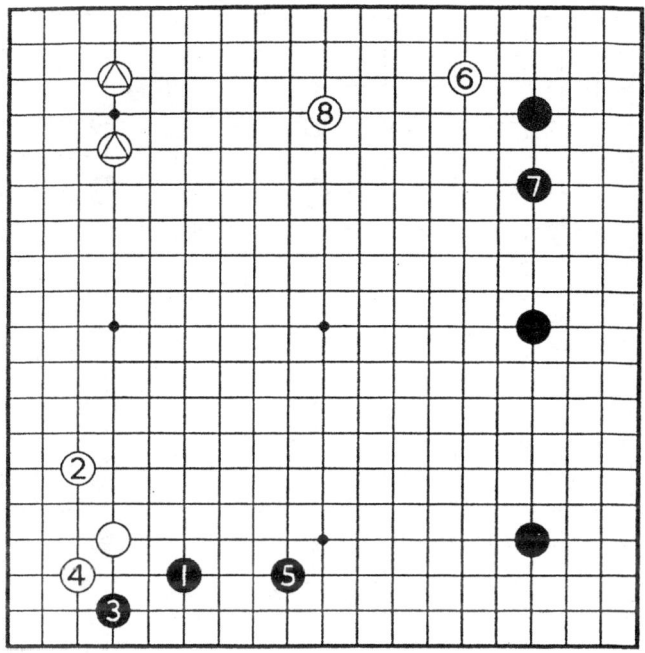

6 도

6 도(참고도)

5 도 흑 1 의 수에서 본도 1 로 하변의 걸침에서 말해 보
자.

가령 백 2 이하 5 까지가 되었다고 하자. 백은 6 으로
걸치고, 8 로 대비하게 되는데, 상변은 ◎ 의 굳힘을 뒤로
웅대한 모양이 형성된다.

따라서 흑으로서는 같은 큰 곳이라도 5 도 1 쪽을 취하
는 것이다.

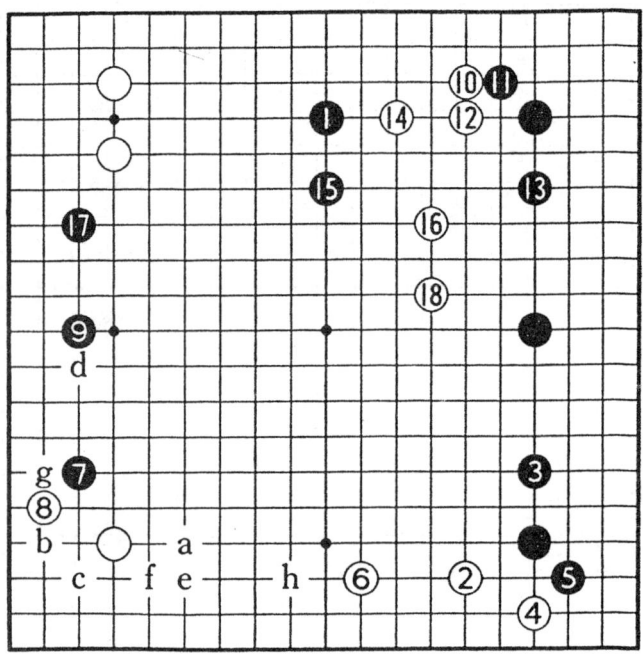

7 도

7 도(실전례)

5 도 백 6 까지와 똑같은 형이 실전에 나왔다.

제 7 기 명인전 리그에서의 대 武宮正樹 9 단(흑)전이다.

필자는 6 까지는 대비했는데 거기서 흑 7 로 걸쳐왔다.

이것에 대해 백a에서는 흑b, 백c, 흑d로 우하와 똑같이 두게 된다. 이것도 두지 못할 이유는 없으나 하나도 짜릿하지 않다. 그래서 8 의 날일자로 흑을 공격하는 수법을 채용한 것이다.

흑 9 이하 백 18 까지. 그리고 다시 흑e, 백f, 흑a, 백g, 흑h로 진행하였다.

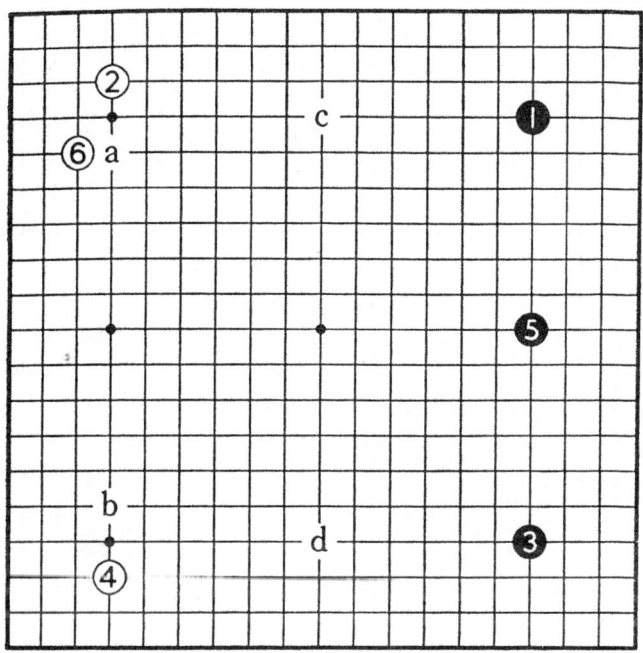

제 3 형

○제 3 형

여기서는 백이 맞소목을 차지한 경우의 형에 대해서 검토해 본다.

백 2·4 가 맞소목.

혹 5의 3연성에 대해 백 6, 혹은 a가 상정된다 (좌하의 굳힘도 마찬가지로 같은 의미).

굳힘이 끝나면 혹의 남은 착점은 단 하나. b방면의 걸침이다. 그러나 3연성의 경우 우변의 모양을 중시하면 귀에 구애될 필요는 없을 듯하다.

예를 들면 혹c로 두고 백b의 양굳힘을 허용해도 혹d로

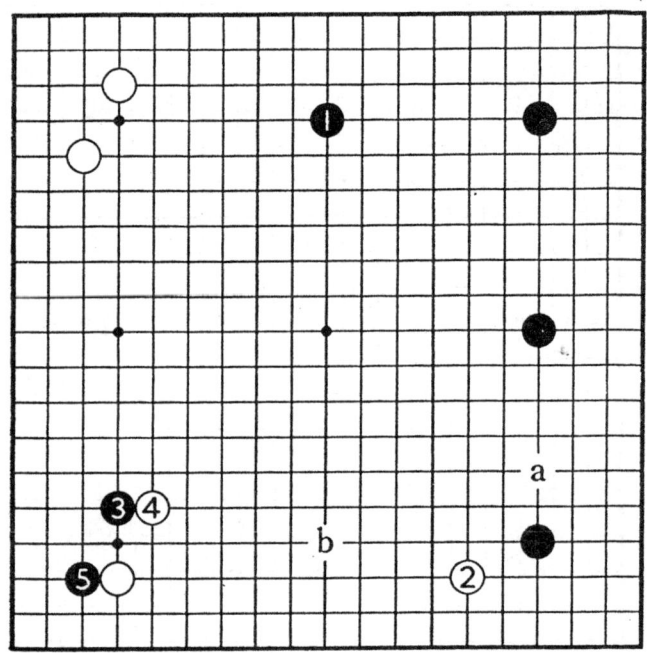

1 도

큰 곳에 선착할 수가 있다. 사실 그러한 진행의 실전도 자
주 나온다.

　1 도(실전례)

　그럼 제 3 형에 이어서 흑 1 로 둔 예를 나타내 본다.

　제 5 기 명인전에서 조치훈(趙治勳) 8 단의 도전을 받았
을 때의 제 4 국이다. 필자 백.

　역시 흑 1 로 큰 곳에 선착하였다. 필자도 백 2 에서 살
아 흑a라면 백b로 대비하는 小林光一流로 대항했다. 당연
히 흑 3 의 걸침.

　백 4 로 붙인 목적은——

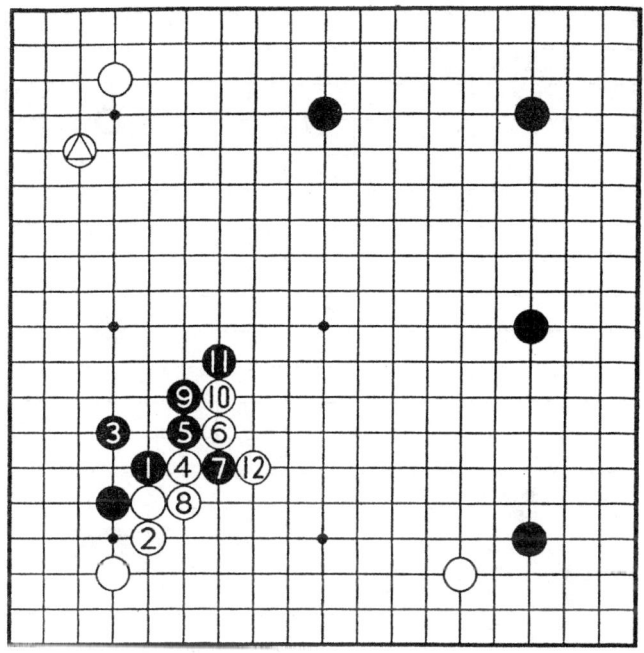

2 도

2 도(백의 의중을 헤아린다)

흑1·3으로 둔 정석에 따르면 백은 4에서 6으로 2
단 젖혀 간다. 이하 백12까지가 예상되는데 이 변화에 따
라서 생기는 흑의 세력이 실은 좌상귀의 △에 의해서 작
용하기 어려워진 것이다.

이 수법은 소위 '남김 작전'으로 불리는 것으로 포석작
전에서 중요한 역할을 한다.

흑으로서는 물론 이것을 피하지 않으면 안된다. 1도 흑
5로 붙여 돌려보낸 것은 그때문이다.

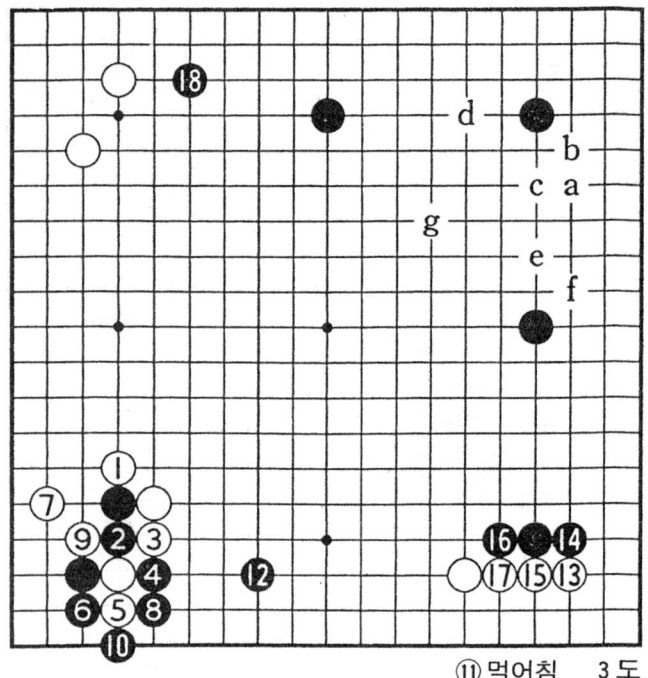

⑪ 먹어침　　3 도

3 도(변화)

1 도에 이어서 백 1 로 젖히고, 흑2 이하 12 까지로 되는 정석.

백은 좌변에 모양이 만들어졌으나 아직 침략의 여지도 있어 2 도보다는 훨씬 낫다.

흑12 가 온 이상 하변을 방치할 수 없다. 백17 로 마늘모 붙임으로 공격해 나간다. 백13 의 3·3 들어가기에서 17 까지는 으례적인 진행.

흑18 에 이어서 백a, 흑b, 백c, 흑d······이하 흑f까지로 진행하였다.

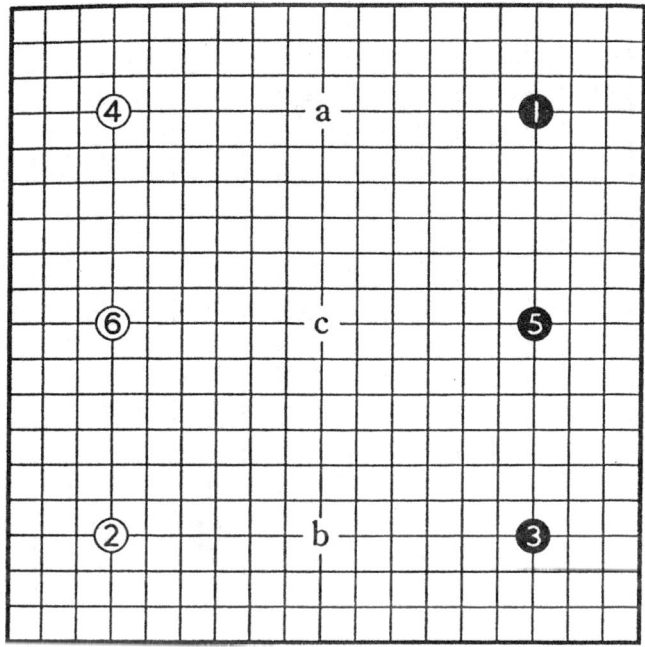

제 4 형

○제 4 형

그럼 마지막으로 흑백 쌍방이 3연성을 깐 경우의 두는 방법을 생각해 본다.

흑 1 · 3 · 5, 백 2 · 4 · 6 모두 3연성.

여기서 흑이 어떻게 두면 좋을까.

가장 보편적인 착상은 흑a(b라도 같다)의 큰 곳의 점거일 것이다. 그러면 백도 b를 차지하게 되어 대등해진다. 그러나 다음에 흑c로 중앙을 차지하면 밸런스는 깨진다. 흑에게 선착이 유리한 것은 당연하다.

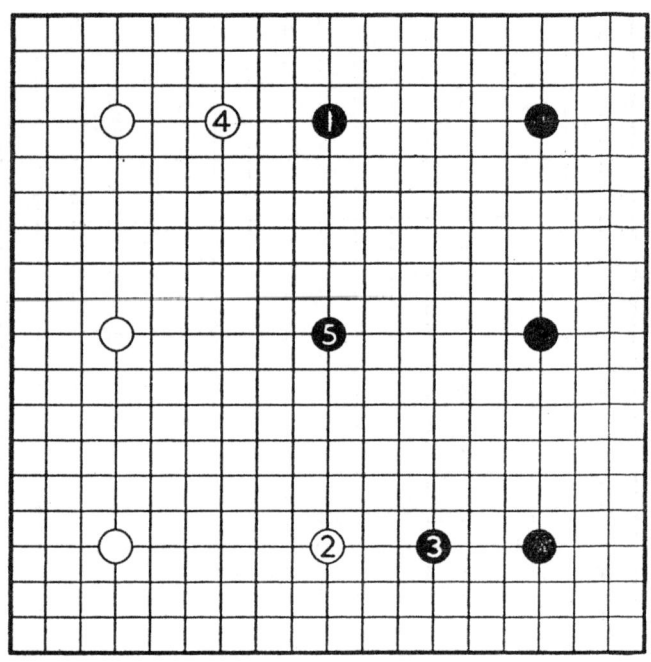

1 도

그럼 양자 3 연성이라는 포석의 실전례를 나타내 보자.

1 도 (모방바둑과 해소법)

이것은 제14기 명인전 리그에서 藤沢朋斎 9 단과 맞섰을 때의 바둑이다.

제 4 형에 이어서 흑1, 백2 는 보통. 여기서 필자는 흑3 으로 메워 눈치를 살폈다. 백은 아무래도 4 로 모방바둑을 둘 기미.

그래서 흑5 로 중앙에 두어 모방바둑을 해소했다.

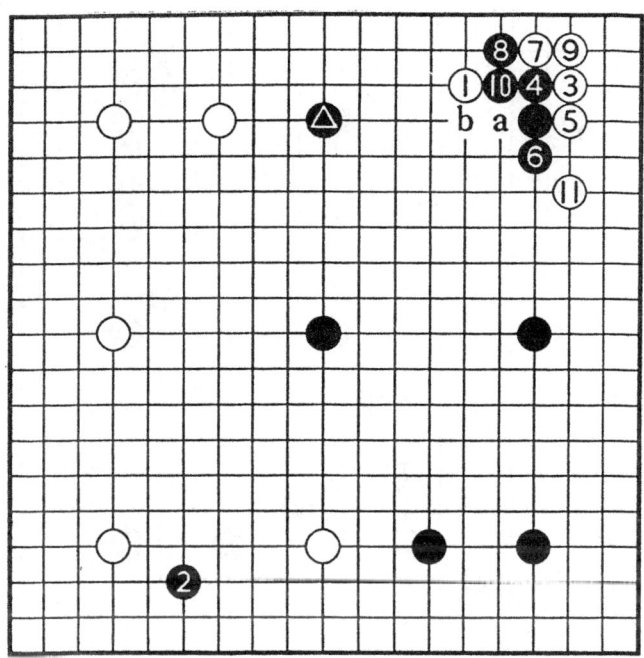

2 도

제 2 도 (모양 형성)

1 도에 이어서 백 1 로 걸쳐 왔다.

이번에는 흑 2 로 역으로 모방바둑. 그러나 원래 모방바둑을 할 마음은 없으므로 백 3 의 3 · 3 들어가기에는 흑 4 이하 백 11 까지로 마무리하였다.

● 가 세 칸 높은 협공의 모양이 되어 있으므로 백 3 에 흑 5 로 누르는 것은 안된다. 백 4 , 흑 a 일 때 백 b 로 눌러 ● 의 한 점이 고립된다.

또한 이 정석에 이어,

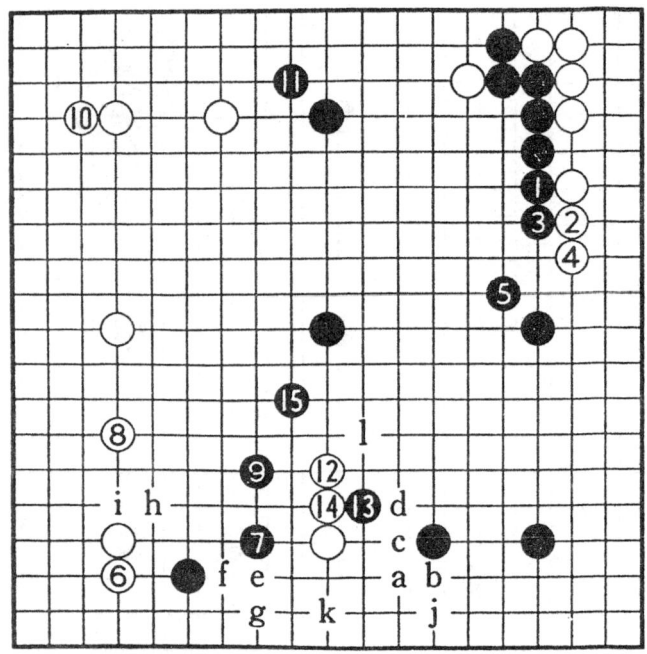

3 도

3 도(흑 두텁다)

흑 1 이하 5 까지로 덮어씌우고 계속해서 백 6 이하 흑 15 까지로 진행되었다.

다시 백a, 흑b, 백c, 흑d……이하 기호순으로 흑 1 의 봉쇄가 되었으나 흑으로서는 그저 그런 형세.

◇ 학습의 포인트 2

(1) 모양바둑의 의도

(2) 만일 상대가 들어오면 공격하여 효과를 거둔다.

(3) 3 연성의 대책으로 서둘러 들어가지말 것.

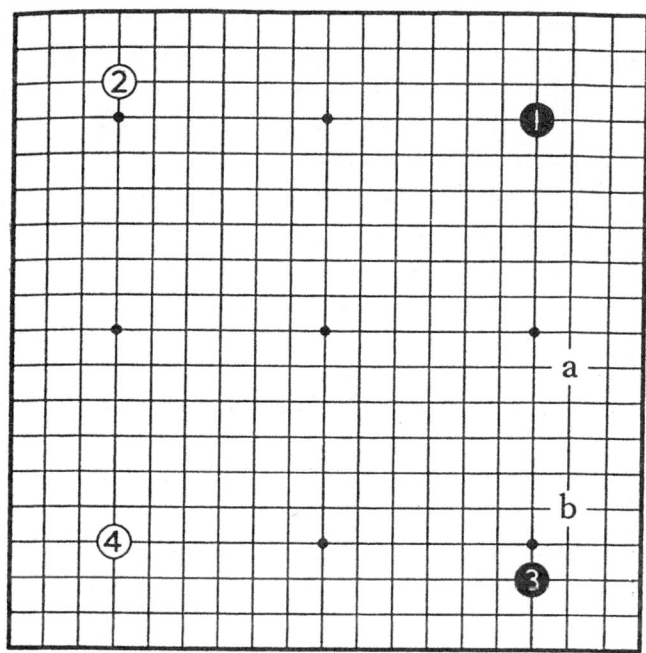

1도

3. 화점과 소목

평행형에서 한쪽을 화점, 다른 한쪽을 소목으로 서로 마수하여 누는 형은 현대 포석의 대표적인 것 중 하나이다.

이 형은 상대가 소목으로 걸쳐오지 않을 경우 변의 화점 아래, 또는 옆으로 두어 중국류, 고중국류의 포석으로 발전하는 케이스가 많다. 그것들에 대해서는 나중에 상세히 이야기 한다.

1도(기본형)

흑백 모두 한쪽이 화점이며 한쪽이 소목이다. 다시 말해

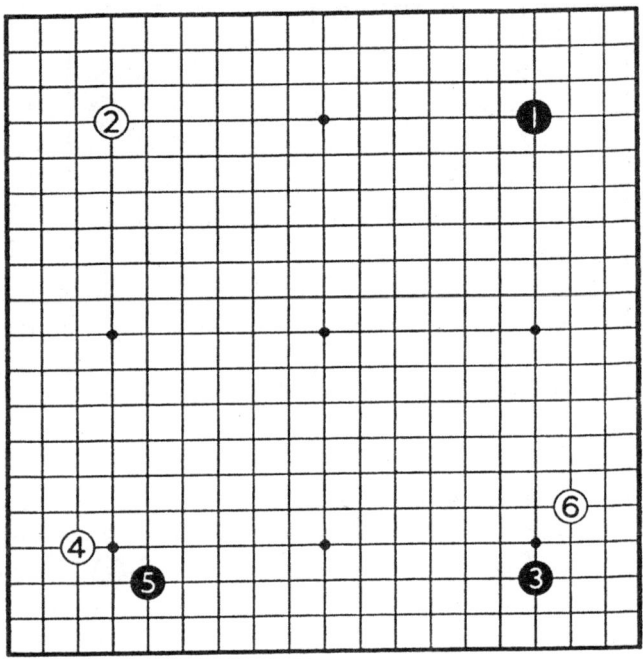

제 1 형

이 후에 흑 a로 두면 중국류가 된다는 것이다.

그 중국류를 막기 위해 백 4로 b에 걸치면 흑은 4의 빈 귀를 차지하게 될 것이다.

○제 1형

흑 1 · 3이 기본형. 이것에 대해 백 2는 화점이지만 4 는 소목이라도 위치가 다르다. 여기서 다루는 것은 흑 5 로 걸치고, 백도 6으로 걸쳐가는 형이다.

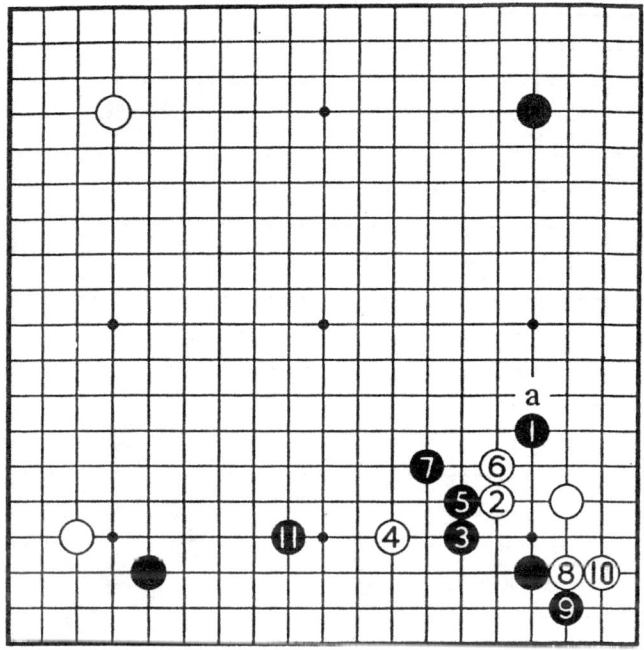

2 도

2 도 (한 칸 높은 협공)

흑은 1 (혹은 a)의 협공에서부터 끌고가 좌하의 둘 방법을 정한다――는 수법이 흔히 사용된다.

여기서는 흑1로 높게 한 칸에 협공하는 형을 대표로 이 형에 대하여 이야기 하기로 한다.

흑1은 협공 중에서도 특히 강력한 협공이다. 이것에 대해서 백2·4의 정석으로 오면 이하 백10까지일때 흑11로 협공한다.

흑은 하변에서 주도권을 쥐고 있다.

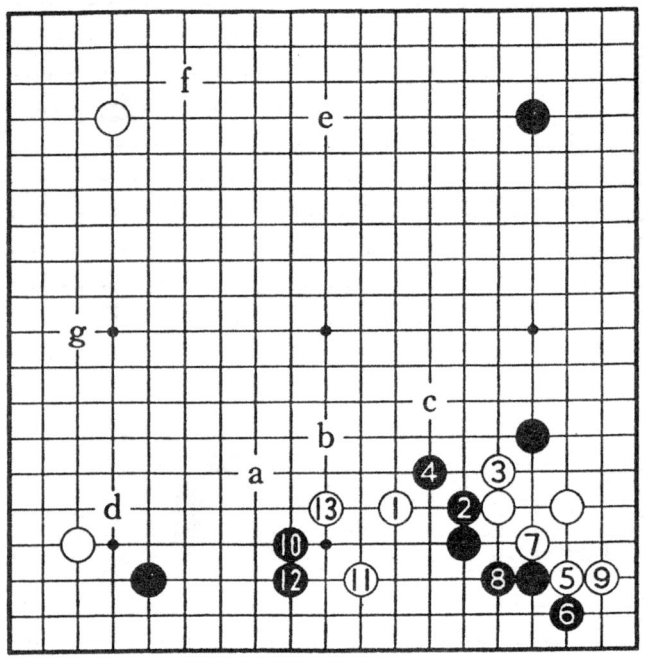

3 도

3 도(실전례)

2 도와 닮은 변화가 실전에 나와 있다. 그 백 4 에서 본도 백 1 로 높게 메워 온 예이다. 이것은 제38기 본인방전의 예선에서 淡路修三 8 단(백)과 맞섰을 때의 바둑이다.

필자는 흑 2 이후 8 까지로 선수를 쥐고, 10 으로 백의 한 점을 협공했다. 계속해서 백은 11 에서 13 으로 자세를 바로 잡고 다시 흑a, 백b, 흑c, 백d, 그리고 흑e, 백f, 흑g로 진행하였다.

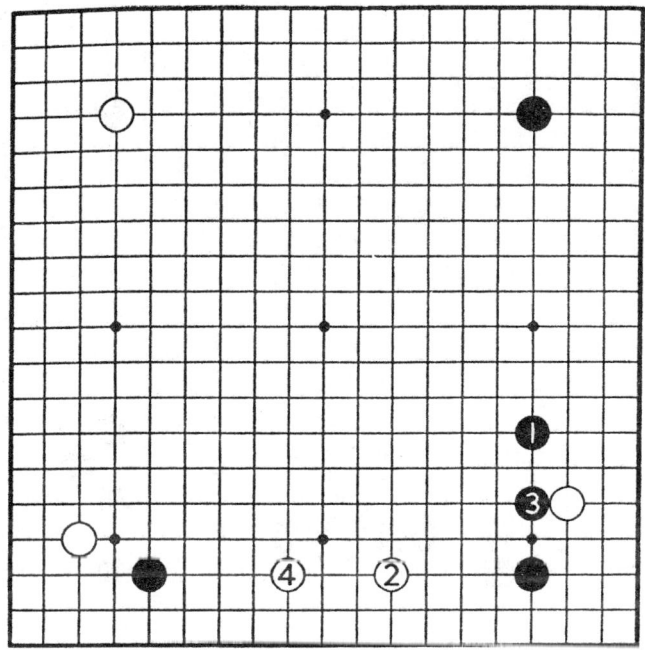

4 도

4 도 (별법)

흑 1 의 협공에 백이 2 로 피해 온 실전례가 있다.

당연히 흑 3 으로 붙이게 되는데, 백은 우측의 한 점을 가볍게 보고 4 로 협공하여 좌하의 흑 한 점을 공격하려는 것이다.

5 도 (실전례)

4 도에 이어서 흑은 당연히 1 로 한 점의 움직임을 막게 될 것이다.

백도 2 · 4 로 상법에 따라 공격해가기 마련인데, 흑 5

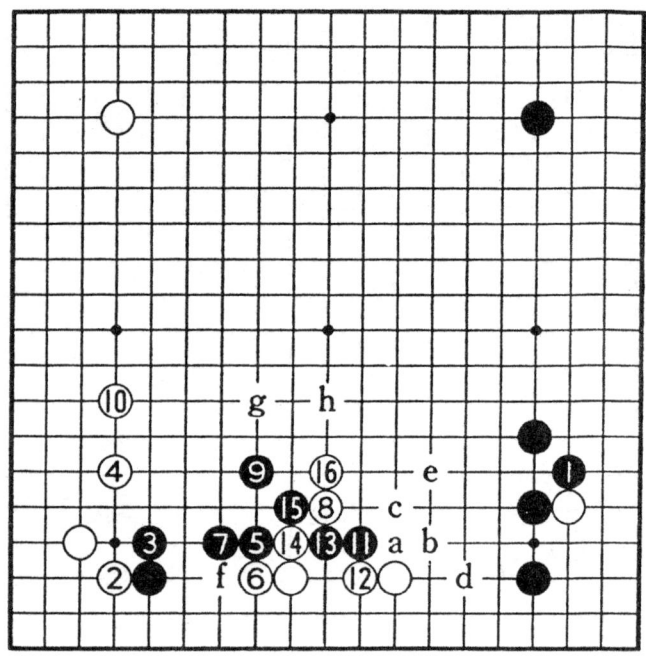

5 도

에서 9로 움직이기 시작하였다.

　백10은 본형(本形)

　이것에 대해 흑11로 반격하면서 격렬한 싸움으로 돌입
하였다.

　백16에 이어서 흑a, 백b, 흑c, 백d……이하 기호순
으로 백h까지로 진행하였다.

　이상의 예에서도 알 수 있듯이 우상(右上)의 화점을 백
으로 협공하여 싸움을 일으키고, 좌하(左下)의 흑의 두는
방법을 정해 가는 것이 이 형의 특징이다.

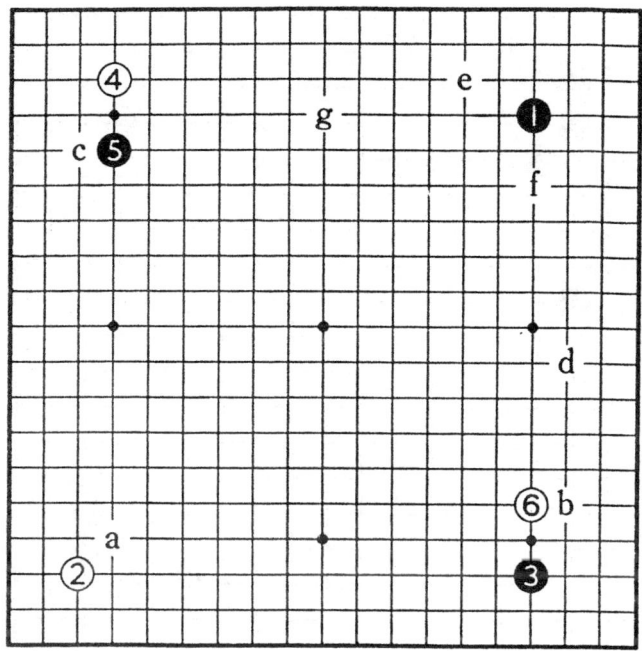

제 2 형

○제 2 형

흑1·3이 이 형.

여기서는 일부러 백2를 3·3으로 하였으나 a의 화점 두기로 공통된 생각으로 운용할 수 있다.

흑5에서 b로 굳히면 백c, 또 흑d로 중국류를 채용해도 백5의 굳힘이 예상된다.

무엇보다도 백은 굳히지 않고 e로 걸쳐, 흑f, 백g라는 것에 따를 수도 있을 것이다.

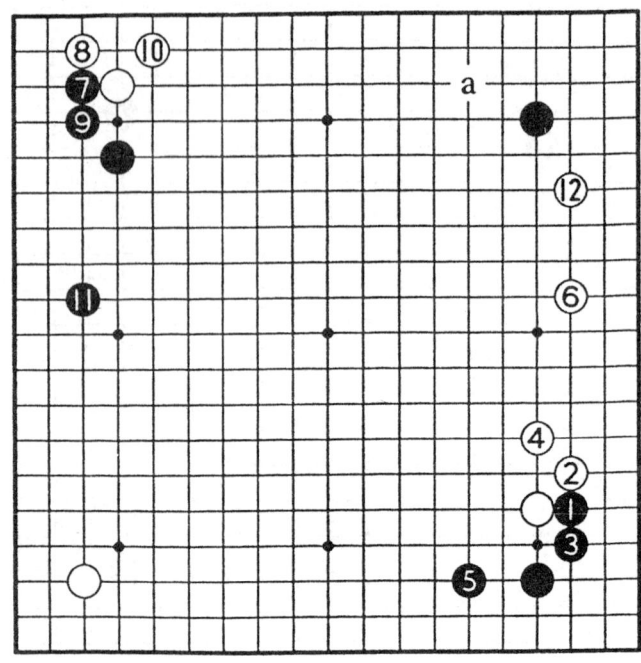

1 도

혹 5 로 걸치면 백도 6 으로 걸친다. 이것을 기본으로 하여 생각해 보기로 한다.

1 도 (실전례)

혹이 집에 인색하게 두기 위해 1 에서 5 까지의 붙이고 당김 정석을 채용한다. 단 협공하는 방법도 성립한다.

혹 7 로 향하고 이하 백 12 까지로 진행된 예를 보면, 백 12 에서는 a로 반대편에서 걸치는 수도 있었을 것이다.

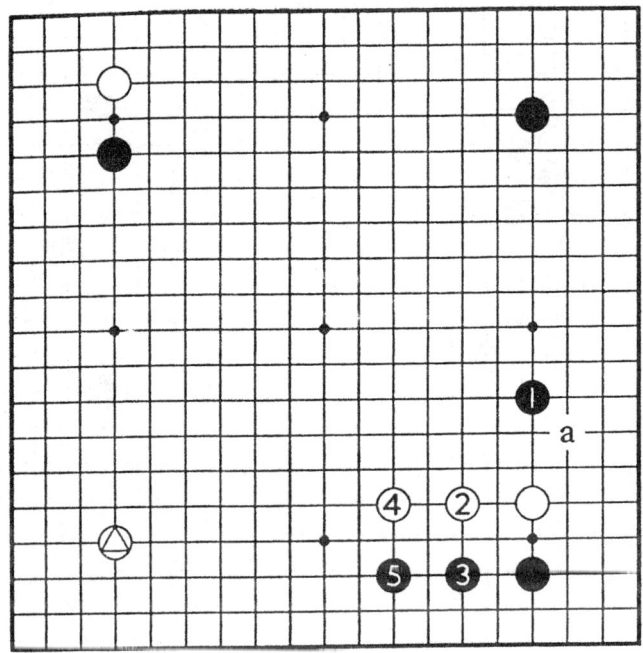

2 도

2 도 (협공하는 형)

그럼 걸침에 협공하는 형을 들어 보자.

이 그림은 1 도와 달리 ⚠ 가 화점에 있다. 그 다음은 똑같다.

당연히 흑1로 협공하는 수(手)를 생각할 수 있다. 또 흑 a의 협공도 있다.

백 2·4 라면 간명(簡明).

백은 여기를 선수로 일단락 짓고 좌상으로 착수(着手)하게 될 것이다.

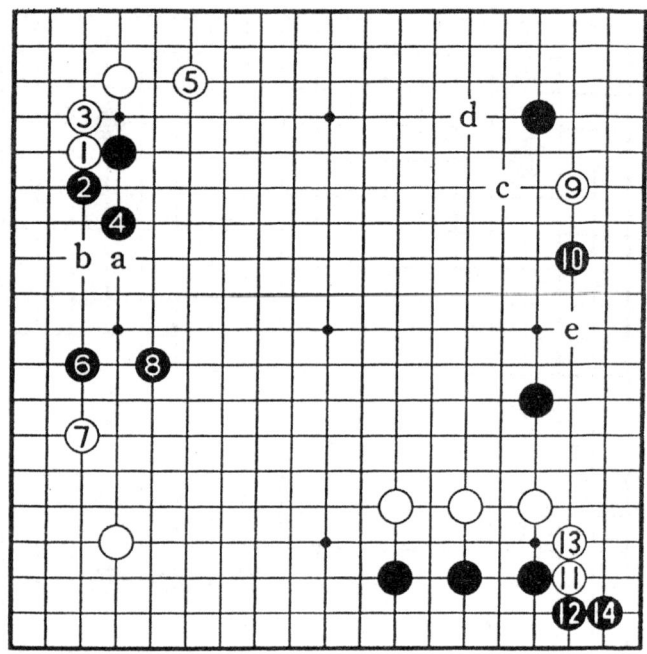

3 도

3 도 (실전례)

백이 실리를 중시한다면 1의 아래붙임이다. 이하 흑 6
까지는 기본 정석.

단 백 1에서 a로 우하의 동형으로 협공하여 가는 방법
도 있다. 그렇게 되면 모방바둑이 될 가능성도 있다.

흑 6에 이어서 백 7의 메움은 절호. 좌하귀를 백집으로
깔면서 b로의 뛰어들기를 살피고 있다.

뛰어들기를 피하면 흑 8인데, 이 다음 백 9의 걸침에서
14까지 (계속해서 백c, 흑d, 백e)가 된다.

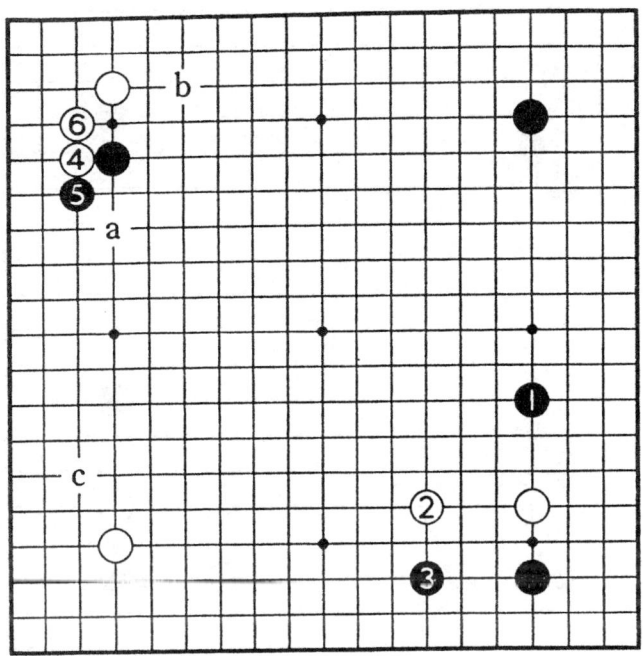

4 도

4 도(별법)

흑1의 협공에 백2로 두 칸으로 뛰고 있는 경우도 있을 것이다.

역시 백은 선수를 쥐고 **4 · 6**의 붙이고 당김에 손을 돌렸다. 여기서 흑a라면 백b로 3 도와 같은 변화.

여기서 흑은 a로 잇지 않고 c로 걸친 실전례를 소개해 둔다.

5 도(실전례)

제 6 기 명인전 리그에서 林海峯 9 단(백)과 맞섰을 때

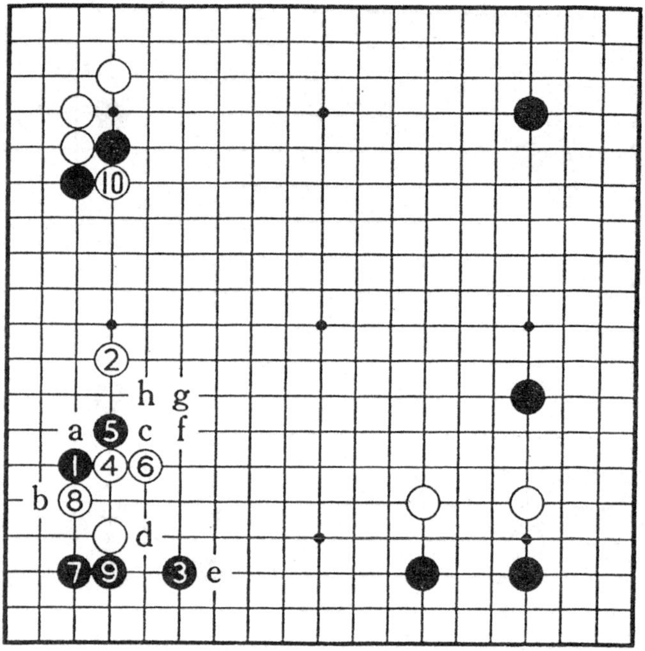

5 도

의 바둑이다.

4 도까지와 똑같은 과정으로 나는 흑 1 로 걸쳐 갔다.

백 2 이하 흑 9 까지가 되어, 백 10 으로 끊게 되었으나 그 이후 흑a, 백b…… 이하 백h까지로 싸움에 들어갔다.

◇ 학습의 포인트 3

(1) 상대가 걸쳐 오지 않으면 중국류로 대비한다.

(2) 걸쳐 가면 집에 인색하게 두는 것과, 협공해서 적극적으로 공격하는 수가 있다.

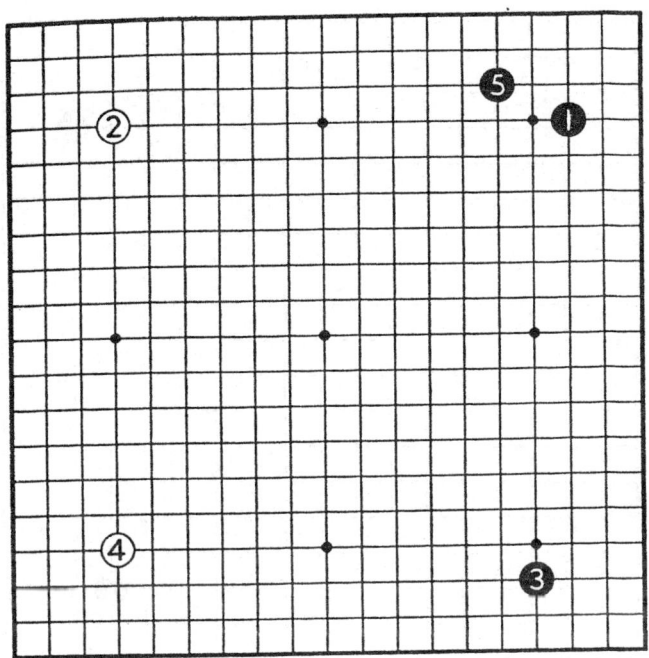

제 1 형

4. 굳힘과 소목

혹이 양쪽의 귀를 소목으로 차지하는 포석은 옛날부터 많이 두고 있다. 이것은 평행형 중에서도 극히 정통적인 포석이라 할 수 있다.

○제 1 형

혹1로 소목으로 두고, 백2 (소목도 있다)에 대해 혹3 으로 평행형으로 다시 소목을 차지하는 포석이다.

단 혹1로 3 의 소목 방향에 주의하라.

백이 4로 빈 귀를 차지하면 혹5로 우상귀를 조여 대비

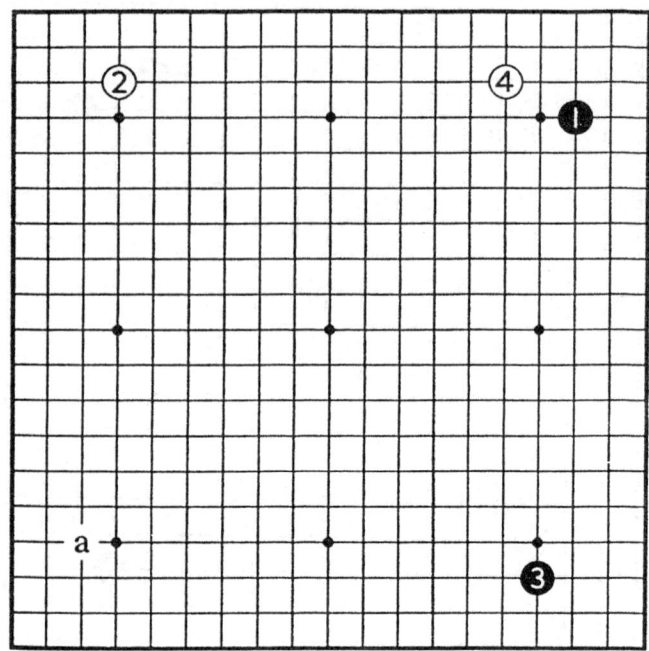

1 도

하는 것이 보급되고 있다. 프로의 실전에서도 아주 흔히
볼 수 있는 그림이다.

　1도(수책류의 포석)

　옛날에는 상형(上型) 흑5로 굳혀지는 것을 피해 그 백
4에서 본도 4로 걸쳐 간 바둑을 많이 볼 수 있다.　당연
히 흑은 다음에 a로 빈 귀를 차지하는데 이것이 유명한 수
책류(秀策流)의 포석이다.　최근에도 많이 두지만 상형 정
도는 아니다.

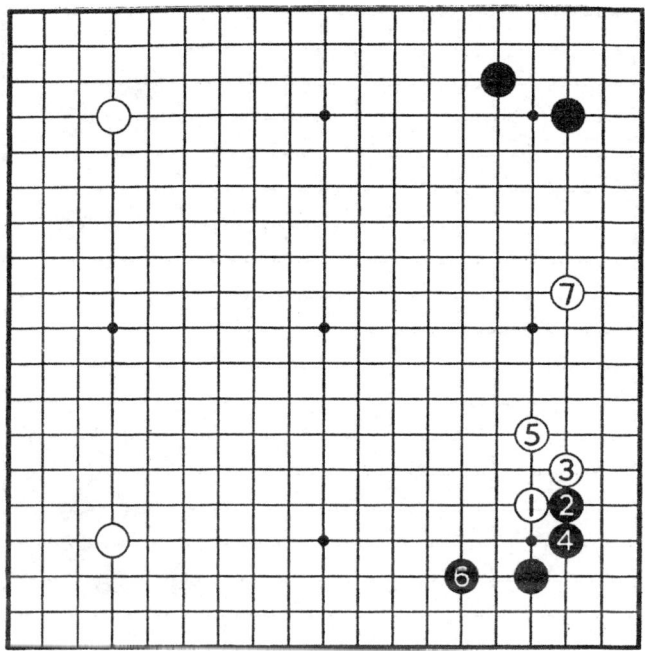

2 도

2 도(집에 인색한 정석)

제1형 준비에 대해 백1로 한 칸 높이 걸치는 것이 제일 흔할 것이다.

이것에 대해 흑2로 아래에 붙이는 것은 귀를 집으로 하려는 엄한 방법.

백3으로 누르면 흑4 이하 백7까지가 기본 정석이다.

이 포석만은 모두들 어느 정도 둘 것이다. 또 두지 않는다 해도 신문이나 TV에서 보고 있을 것이다.

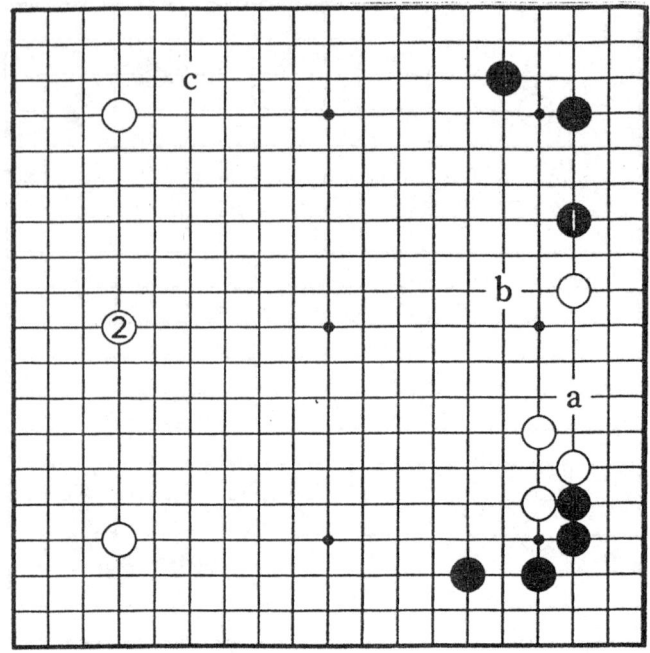

3 도

3 도 (호점)

이 포석에는 좌변의 백이 모두 화점이므로 걸침을 서두르지 않는다.

그렇다면 흑 1 로 메워 우변의 a의 뛰어들기를 노리는 것이 절호점이 된다.

흑 1 은 동시에 우상귀의 모양을 넓히고 있다.

백은 뛰어들기에 대비하여 b로 뛰고 있으면 견실하다. 실제로 그렇게 두는 경우도 있다. 그러나 당장 백에게 잡힐 일은 없으므로 여기서는 방치하여 2 의 3 연성에 선착하는 것이 유력하다. 흑 c 로 걸치게 될 것이다.

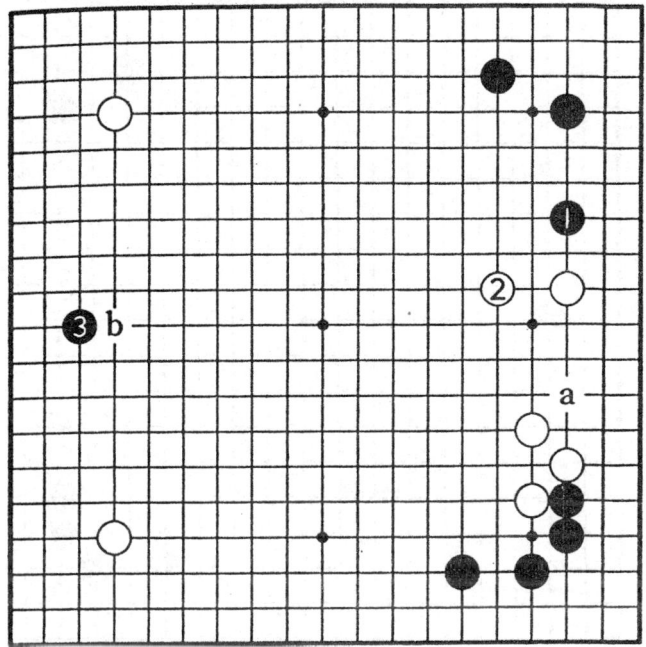

4 도

4 도 (가르기)

a의 뛰어들기에 대비하여 백2로 뛰면 견실하다고 했으나 사실 기사에 따라서는 이 백2를 유력시 하는 사람도 적지 않다.

단 흑에게 3의 가르기를 허용하게 된다.

필자로서는 백의 경우 이 그림보다도 3도 쪽이 바람직하게 생각되지만, 그것은 각자의 취향에 따른다.

백으로서도 흑에게 3으로 갈라지는 것이 싫다면 그 2에서 b로 3연성을 차지하면 되므로 그 선택권은 백에게 있다.

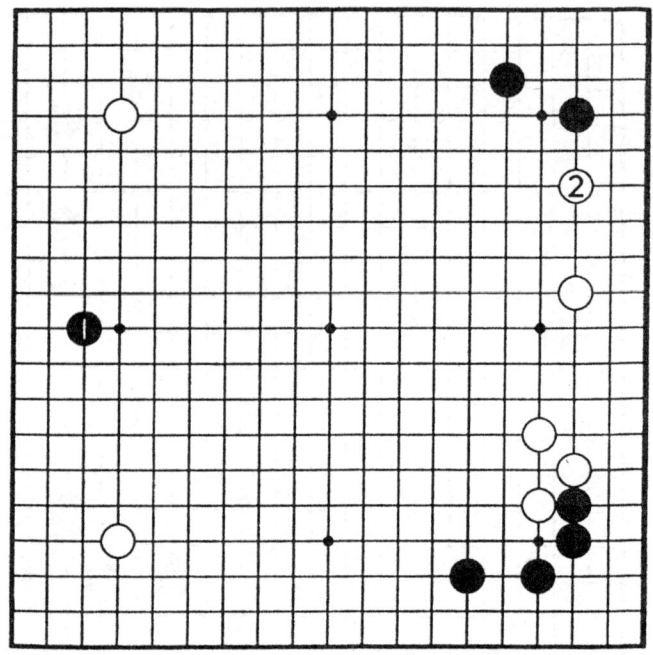

5 도

5 도　(절호의 메워벌리기)

그럼 거슬러 올라가 4 도의 1 의 메움에서 본도 흑 1 로
가르기를 하면 어떨까.

그런 의문을 갖는 분도 있을 것이다. 그러나 거기에는
백 2 로 메워벌리기를 하고 있다. 이 그림쪽을 택하는　사
람도 있어 전도와의 비교는 그리 간단하지 않다.

백 2 에 의해 우변을 제압하고, 그리고 흑의 위의　굳힘
이 한꺼번에 얇아지므로 4 도 흑 1 의 메움이 채용되는 케
이스가 많은 것 같다.

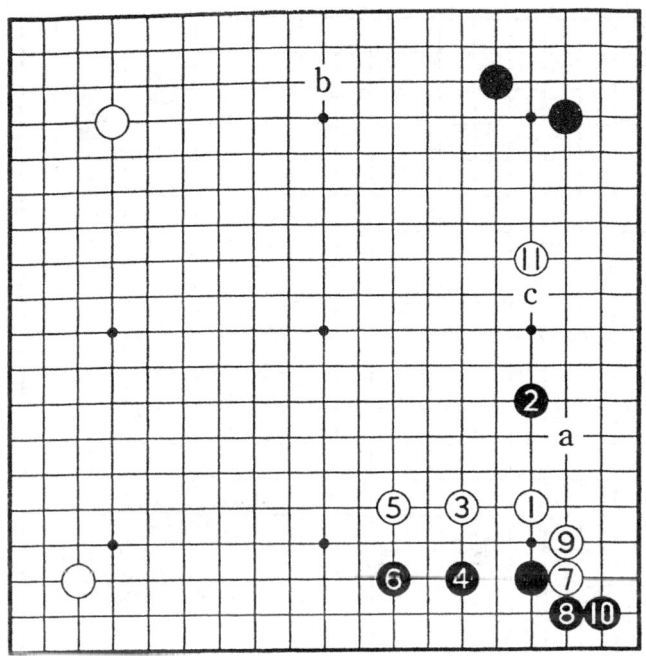

제 2 형

○제 2 형

이번에는 백 1의 한 칸에 임시로 흑 2로 협공하는 변화를 받아들여 본다.

흑 2에서는 a의 협공도 있으나 여기서는 2의 村正의 요도(妖刀) 정석으로 대표시키기로 한다.

백 3·5로 재빨리 한 칸에 뛰는 것이 간명. 흑 4를 생략하면 백 4, 또 흑 6을 생략하면 백 6으로 봉쇄되므로 흑 6까지는 필연이다.

백은 7·9를 선수로 정하고, 11로 들어간다.

백 11에서 b의 큰 곳도 호점이지만 흑 c로 준비하는 것

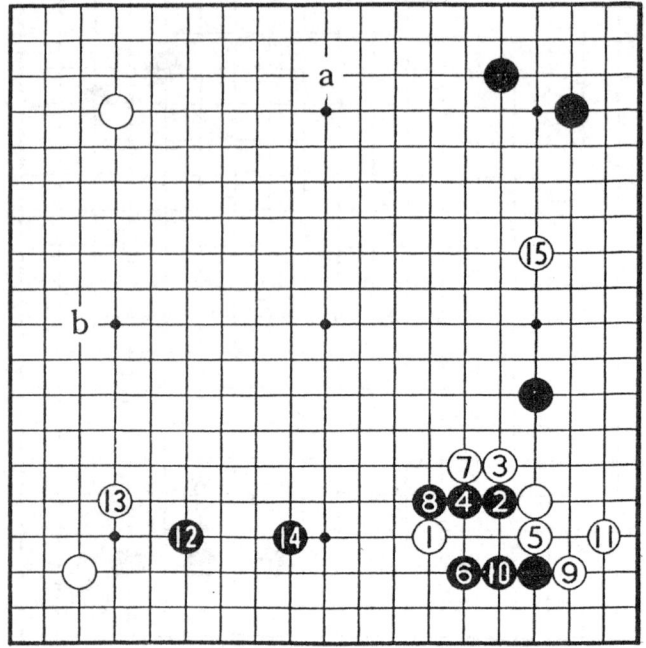

1 도

이 훌륭하고, 백으로서는 이 그림을 허용하지 않을 수 없
다.

　1도(다른 정석)

　상형 백 3의 한 칸 뜀에서 본도 1로 눈목자로 걸치는
것도 상법이다.

　백 11 까지는 가장 기본이 되는 정석으로 혹은 선수로 12
· 14를 준비하게 될 것이다. 이 혹의 준비는 상당한 것이
다. 백은 계속해서 a나 b의 호점도 있으나 15로 들어가
는 것도 뒤지지 않는 호점일 것이다.

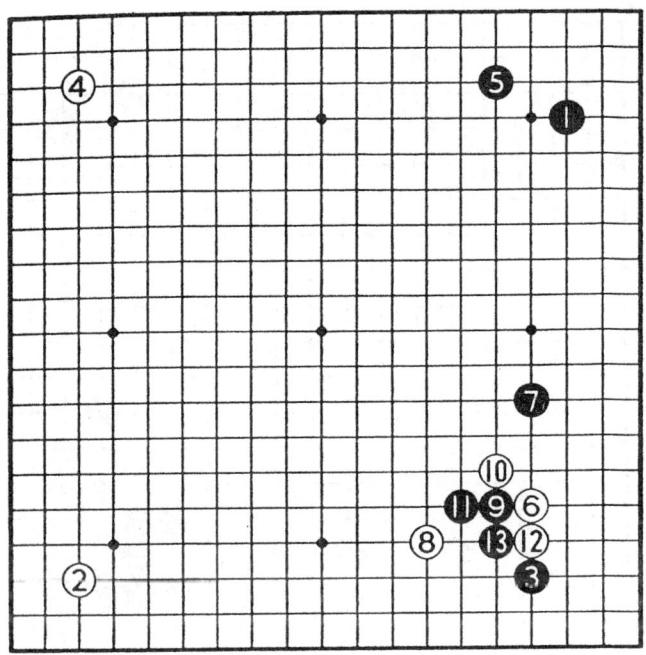

2 도

2 도(실전례)

흑 1 에서 5 까지의 준비는 제 2 형과 같다.

단 여기서는 백은 양 3 · 3 을 차지하고 있다.

이 바둑은 제14기 명인전에서 石田芳夫 명인에게 도전
했을 때의 제 7 국(필자 흑).

당시는 백 12 에 흑 13으로 누르는 정석이 유행하고 있었
다.

계속해서——

3 도(진행)

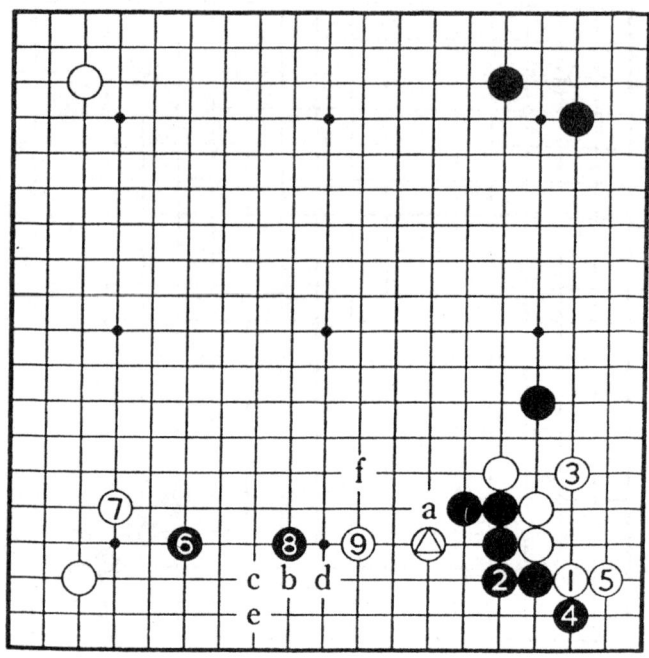

3 도

백 1 의 젖힘, 이하 5 까지로 일단락이다.

좌하귀의 백이 3·3 이므로 6 의 눈목자로 메우고 8
로 준비하였다.

이 백 한 점(△) 을 크게 먹히는 것은 아프므로 백 9 로
움직여 이어서 흑a, 백b, 흑c, 백d, 흑e. 백 f 라는 진행
으로 이미 싸움에 돌입한 것이다.

또한 이 포석에서 주의를 요하는 것은 우하귀의 분리는
다소 흑이 유리하다는 점이다. 그러나 잘 생각해 보면 흑
의 세력하에 놓이므로 흑이 유리한 것은 당연한 것이다.

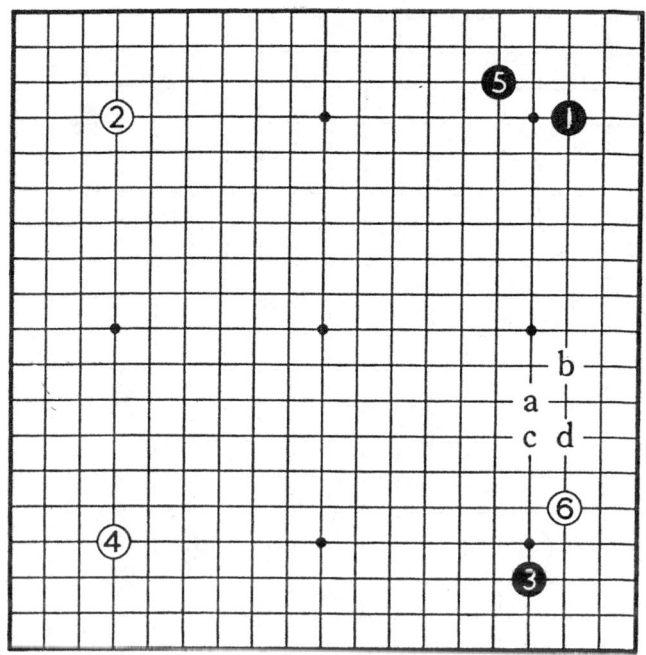

제 3 형

○제 3 형

백 6의 날일자 걸침도 많이 두고 있다.

이것에 대해 흑a의 두 칸 높은 협공, 흑b의 세 칸 협공, 흑c의 한 칸 높은 협공, 또는 흑d의 한 칸 협공 등 여러 가지 있다.

모두 흑1·5의 굳힘을 뒤로 한 견고한 협공이 된다.

그 중에서 두, 세가지 대표적인 변화를 들어둔다.

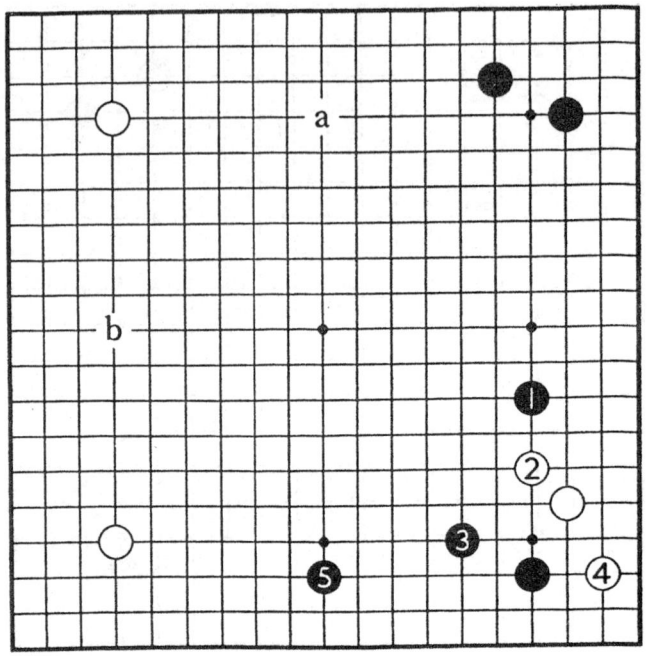

1 도

1도(두 칸 높은 협공)

우선 가장 일반적인 것이 이 흑 1의 두 칸 높은 협공.

백 2로 마늘모를 하면 흑 3에서 5까지 어느 정석서나 있는 변화이다.

다음은 백차례이다.

백에서 먼저 눈에 띄는 것은 a(일로상에 낮게 두는 수도 있다). 여기는 쌍방의 모양의 쟁점이다.

지금 한가지 생각할 수 있는 것이 백b의 3연성.

단 이 포석에서는 백의 3연성으로는 약간 좌변에 치우치는 경향이 보이므로 보통은 a방면일 것이다.

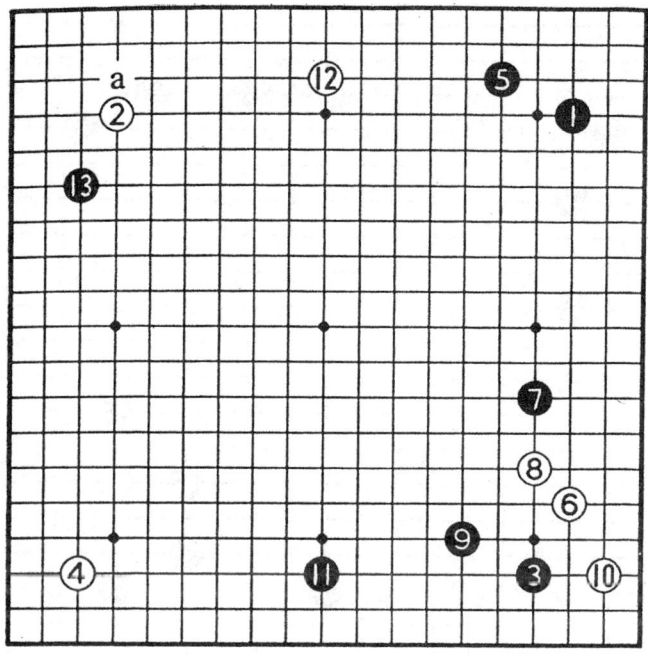

2 도

2 도(실전례)

이 형의 실전례는 아주 많으나, 백 2 가 a의 소목에 있
든가 다소 배치가 달라지면 우하에서의 정석의 선택도 바
뀌게 된다.

여기서는 좌하의 백 4 가 3·3에 있다. 이것이라면 흑
11까지로 되어도 직접 귀의 백에 영향을 끼치는 일은 없
으므로 12의 호점으로 둘 수가 있다.

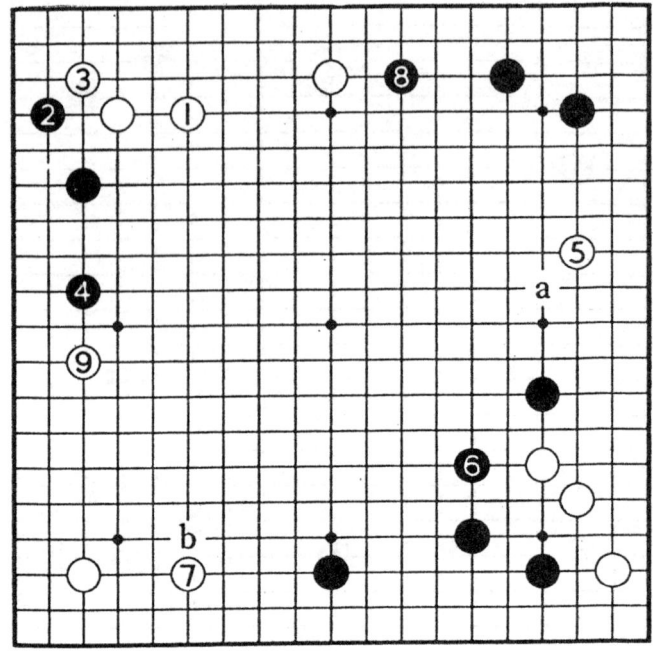

3 도

3도(호점의 차지)

백1에서 흑4까지의 정형(定型)에 따른 뒤, 백5의 뛰어들기로 선착했다.

백5를 두지 않고 방치하면 흑a로 대비하기에 좋은 수가 된다.

흑6도 백을 막고 들어가는 호점. 다음에 흑b로 걸치고 하변에 큰모양을 형성하는 수(手)를 보고 있다. 백7은 그것을 막은 수(手).

이하 흑8, 백9로 큰 곳을 차지하여 드디어 중반이다.

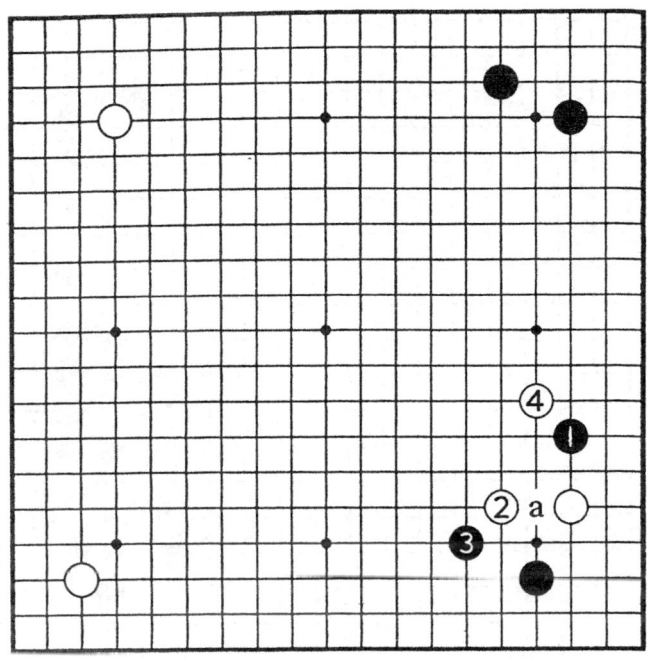

4 도

4 도 (한 칸 협공)

흑 1 의 한 칸 협공도 견고한 수이다.

백 2 가 보통. 이것을 손빼기로 흑a로 붙이게 하여 둔 예도 있으나 흑a로 막아들어가는 것은 역시 백으로서는 아플 것이다.

흑 3 의 받음에 백 4 로 걸치는 것도 한 형태.

5 도 (실전례)

4 도에 이어서 흑 1 로 마늘모 붙임. 3, 5 로 움직인 예가 있다.

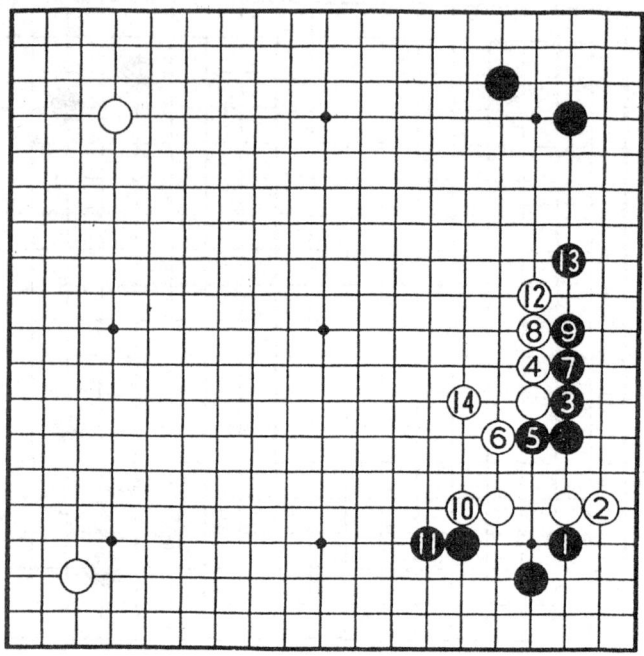

5 도

이 변화는 이제까지 고단자끼리의 바둑에서도 몇번인가 나오고 있다.

최근에는 흑 9 로 4 번 뻗는 것이 상법이 되었다. 4번 뻗게 되면 백 10 의 누름 1 번이 필요해진다 (7 도 참조). 이 백 10 과 흑11 의 교환은 백이 괴롭지만 하는 수 없다.

그래서 백 12, 흑 13 의 교환을 하고 백 14 로 대비하는 것이다. 흑은 종래의 정석 (6도) 보다도 1 번 여분으로 뻗은 것은 괴로우나 그 때문에 백 10 을 두게 하였으므로 나쁘지 않다.

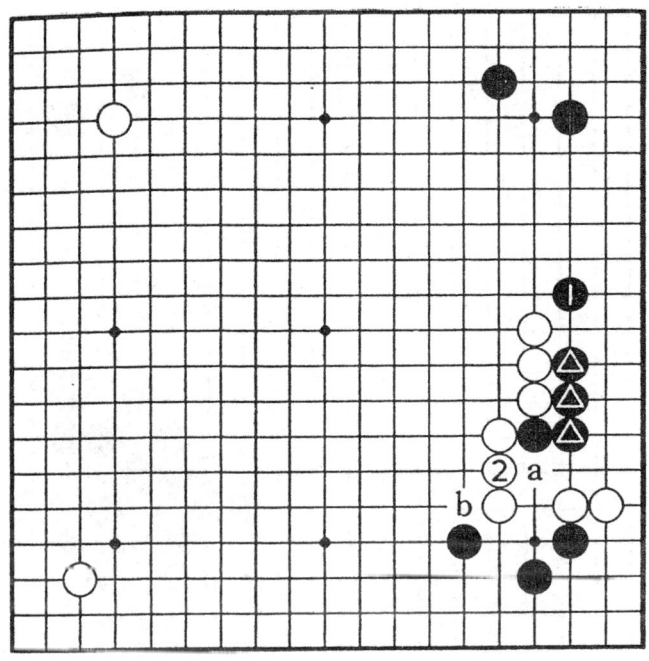

6 도

6도(종래의 정석)

종래의 정석은 5도 흑9의 뻗음으로 바로 본도 흑1로 뛰는 것이 상식으로 정해져 있었다.

거기서 백2 (혹은 백a)로 대비하여 일단락 된 것이다.

즉 ●을 3번 뻗어 흑1로 뛰는 것이 상식이었다.

이렇게 되면 백도 b로 누를 필요가 없으므로 그만큼 하방의 흑이 불안정한 형태이다. 그것을 어떻게든 안정시키려고 궁리한 것이 5도 흑9의 4번 뻗음이었다.

그 4번 나가 뻗음에 대하여 5도 백10을 두지 않고,

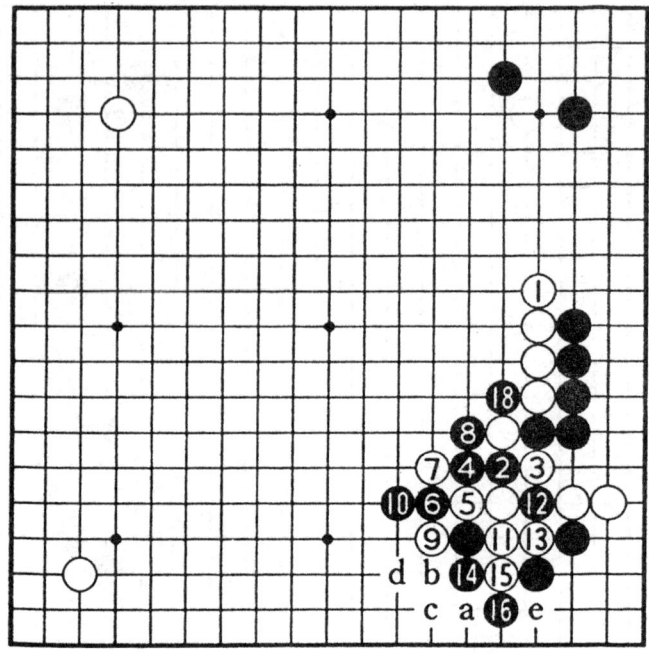

⑰ 이음(12) 7 도

7 도 (혹의 대승리)

백 1 로 뻗거나 하면 혹으로부터 2 의 강렬한 젖혀 들어가기를 먹는다.

백 3 에서 4 부터 대는 것은 혹에게 4 로 이어지게 하여 뿔뿔이 흩어지게 된다.

백 3 이하는 몸부림에 가까운 저항. 혹 18 로 요석(要石)을 획 던지게 해서는, 가령 백 a, 혹 b, 백 c, 혹 d, 백 e 로 하방(下方)을 집으로 해도 도저히 혹의 세력에 미치지 못한다.

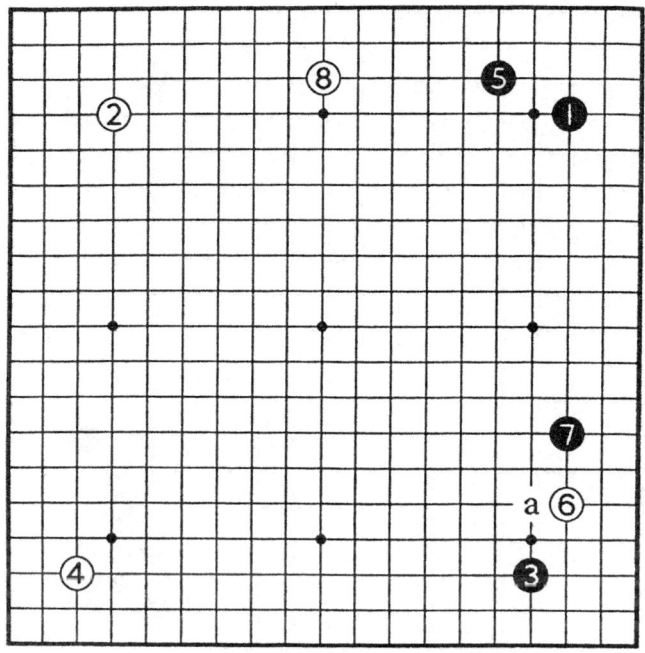

8 도

8 도 (손뺌)

그럼 마지막으로 다른 포석을 들어 둔다.

백 6 까지는 몇 번 나온 포석.

흑 7 의 한 간 협공에 내하서 손을 떼고 백 8 의 큰 곳에 선착한다는 것이다.

다른 포석이라 해도 이러한 손빼기는 상황에 따라서는 자주 두고 있다.

즉 백 6 으로 1 번 두고 흑 7 로 교환하고 있으면 흑 6 으로 한수에 귀를 굳히게 되는 일은 없다. 굳히게 하지 않으면 백 6 의 역활을 다했다고 생각할 수 있다.

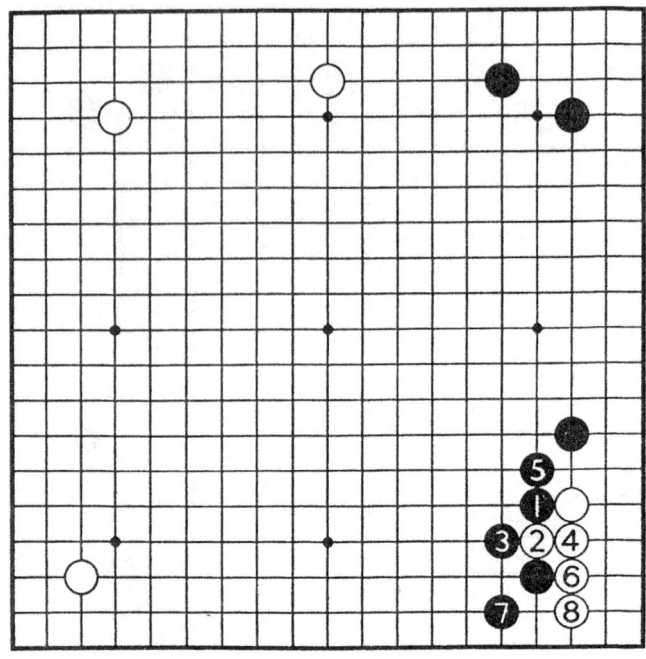

9 도

그리고 흑a의 봉쇄에는 그나름대로 대처하면 좋을 것이다.

9 도 (실전례)

당연히 흑 1 로 붙여 백의 봉쇄를 꾀한다.

백 2 로 젖혀들어가고, 흑 3 이하 백 8 까지로 일단락이다.

이 바둑에서는 백 2 의 젖혀 들어가기가 성립하므로 백은 손을 뺀 것이다. 즉 백 2 에 대해 흑 4 로 끊고 백 3, 흑 6 에 백 5 로 축에 걸칠 수 있기 때문이다.

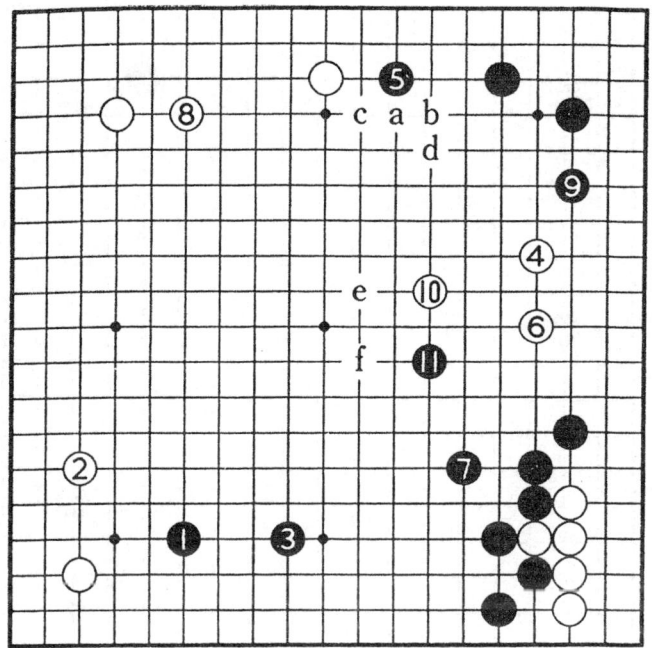

10 도

10도 (큰모양 형성)

전도에 이어서 흑1·3으로 준비하여 하변에 큰모양을 형성하였다.

백4·6은 우변의 모양을 의식한 수.

흑7은 묘수이다. 7의 일로 우하의 상처를 보수하면서 하변의 모양을 넓힌다. 그리고 또한 백4·6으로의 공격에 겨냥을 하고 있다.

흑은 9에서 쫓겨나고, 11 그리고 다시 백a, 흑b, 백c, 흑d, 백e에 흑f로 추격하면서 하방의 모양을 다시 확대하였다.

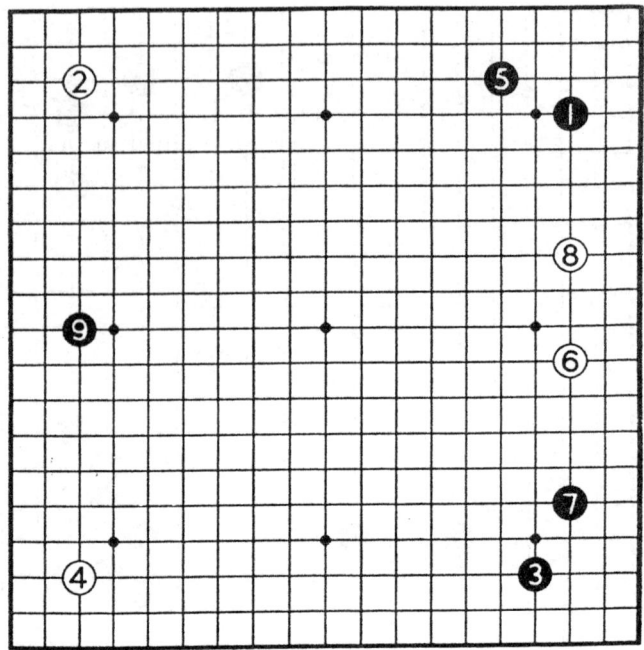

11 도

11도 (양굳힘)

상대에 따라서 백 6으로 걸쳐 오지 않고 가르기를 해 오는 수도 있다. 그 경우는 양굳힘으로 대항한다. 물론 충분하다.

◇ 학습의 포인트 4

(1) 흑으로서는 소목에 걸쳐 오는 상대를, 굳힘을 배경으로 어떻게 공격하느냐가 포인트.

(2) 상대가 걸쳐 오지 않으면 양굳힘.

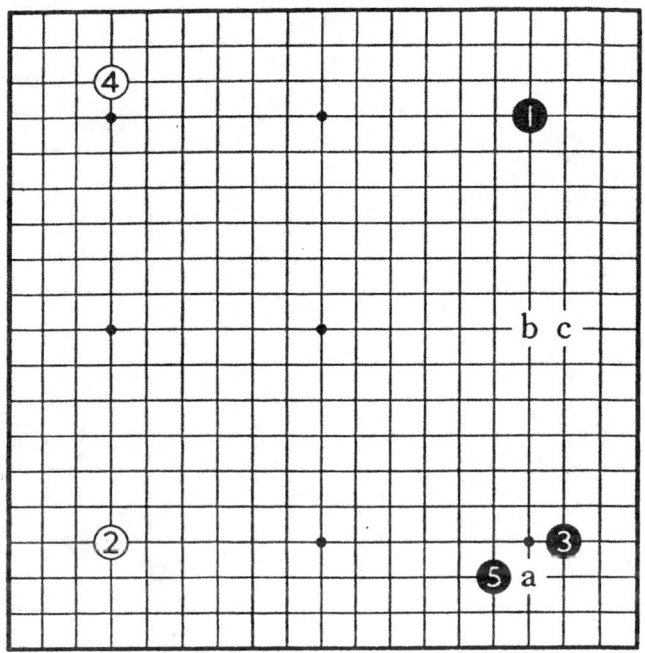

1도

5. 굳힘과 화점

선항 4의 '굳힘과 소목'과 유사한 평행형을 들어 본다.

한쪽이 굳힘, 그리고 다른 쪽이 화점이라는 배치이다.

1도(기본형)

흑1을 화점에 두고, 3을 소목(a가 아니다)에 둔 데서 발생하는 준비이다.

백이 2·4로 왼쪽의 빈 귀를 차지하였으므로 흑5로 굳혀 우변에 흑모양을 형성하려고 한다.

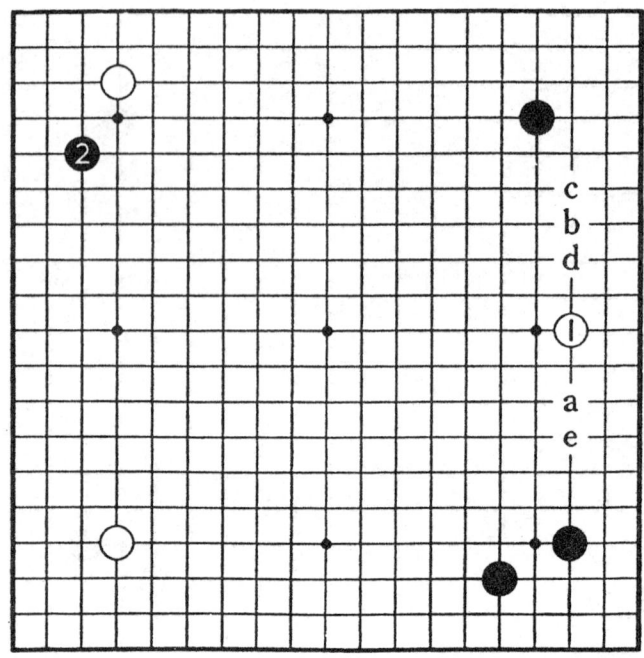

제 1 형

다음에 흑b(혹은 c)로 준비하면 그것은 이미 훌륭한 흑 모양이라 할 수 있다.

○제 1 형

우변에 흑모양을 형성시킬 수는 없다──는 데서 두는 것이 이 백1.

이 1 은 가름이라고도 부르는 수법. 흑a라면 백b(또는 c), 흑d로부터의 메움이라면 백e이다.

흑은 메움을 보류하고 2의 걸침을 서두른다.

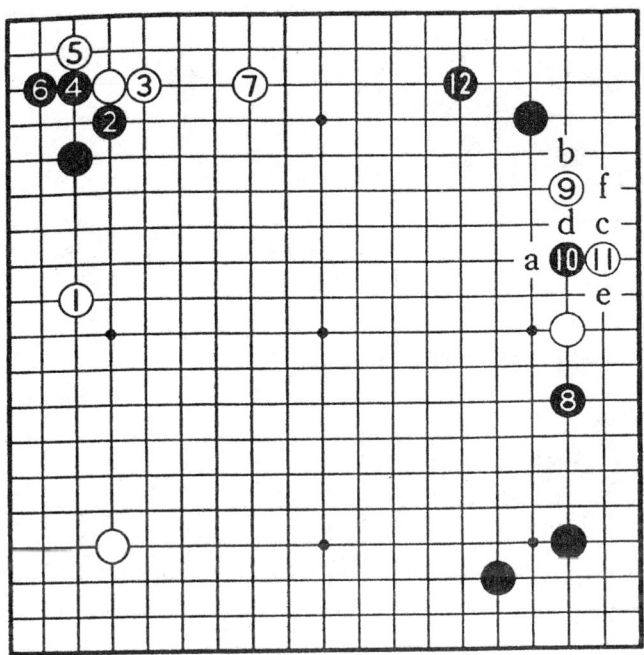

2 도

2 도(실전례)

여기서 백 1 로 세 칸에 협공해간 실례를 나타내 본다.

이 바둑은 제 3 기 명인진 리그에서 당시 7 단이었던 조치훈 기성과 맞섰을 때의 것이다.

흑 2 이하 6 으로 선수로 안정하고, 8 의 메움에 선착하였다.

백 9 의 벌림에서 흑 12 까지는 자주 나오는 변화.

이후 백a로 대비하고 흑b로 되면 순조롭지만, 흑c의 젖혀내기에는 백d, 흑e, 백f로 두어 귀의 3 · 3 을 노리는 수가 있으므로 여기를 방치하여——

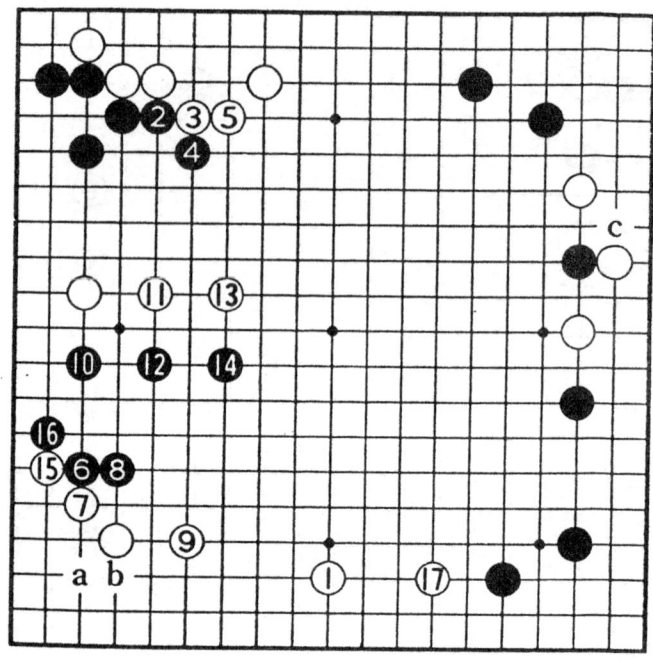

3 도

3 도 (씨름)

백 1 의 큰 곳에 선착하였다.

흑은 2 · 4 를 정하고 6 으로 침입해 왔다. 백 7 이하 흑 14 까지는 이런 의례적인 방법.

백 15 의 젖힘수는 흑a의 3 · 3 들어가기를 선수로 막은(흑a에는 백b) 수이다.

백 17 의 큰 곳에 벌리고, 다음에 흑c로 젖혀서 슬슬 중반전에 돌입하였다.

서로 꽉 맞잡고 승부는 이제부터이다.

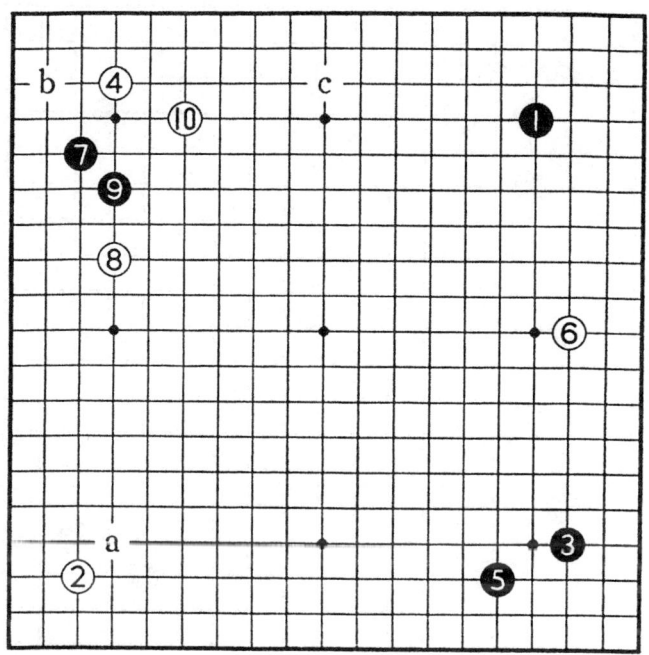

4 도

4 도(두 칸 높은 협공)

이번에는 백2가 3·3을 차지하고 있다.

이것이 가령 a의 화점이라노 백8의 두 칸 높은 협공은 유력하다.

흑9, 백10은 정석. 여기서 흑b로 달리고 백c가 되면 보통이다.

그럼 이 포석이 발생한 실전례를 필자의 바둑 중에서 들어보자.

5 도(실전례)

흑은 달리지 않고(4 도 b) 1 로 협공해 왔다. 흑은 石井

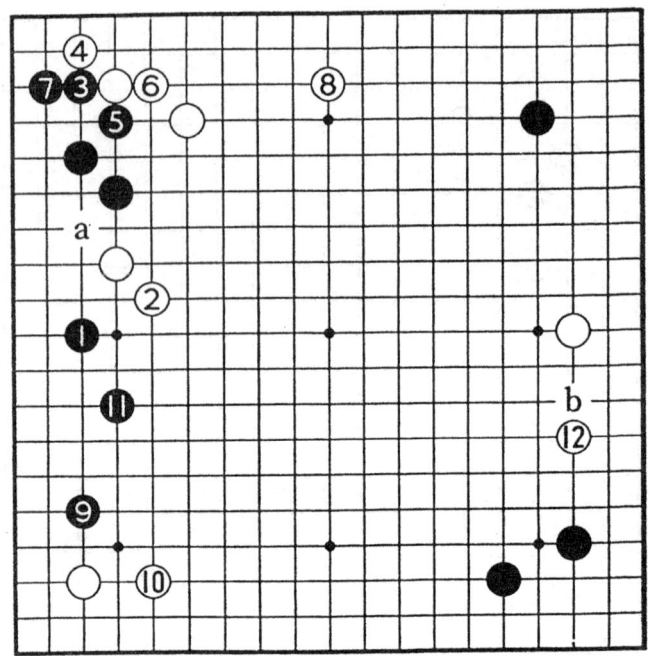

5 도

邦生 9 단이다.

백 2 로 가로막는 순간.

흑은 여기서 3 으로 붙이는 낡은 정석(이전에는 대부분 이렇게 두었다)을 두었다.

이 정석은 4 도 흑b로 달리는 정석보다도 실질적으로 조금 손해이다. 그대신 백a로 공격해 오면 쉽게 대꾸하지 못한다는 장점도 가지고 있다.

흑9 에서 11 도 의례적인 방법.

거기서 백 12 의 호점으로 벌렸다. 흑b로 메워지는 차이 는 결코 작지 않다.

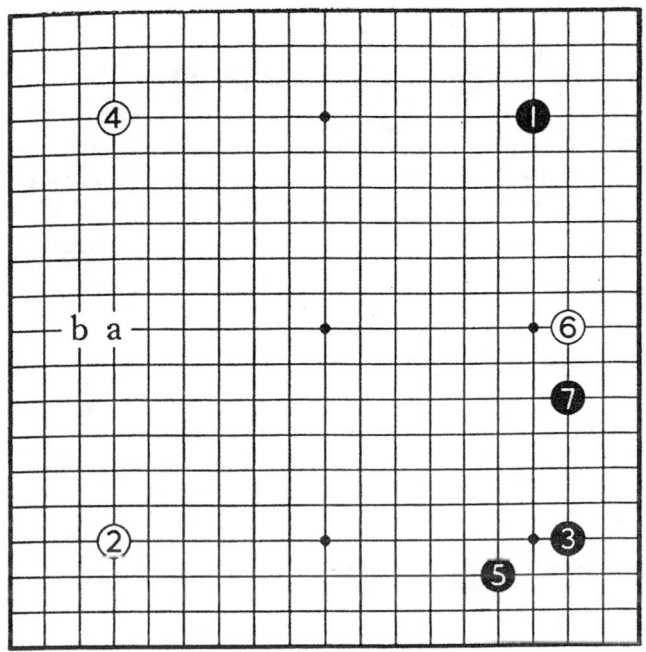

6 도

6 도(백은 2연성)

이번에는 백이 **2 · 4**로 2연성을 깔고 있다.

백**6**의 가르기까지 똑같은 스타일.

그렇지만 백은 2연성이므로 소목의 경우와 달리 걸침은
서두르지 않는다(4도와 비교 참조).

그렇게 되면 흑**7**의 메워벌림은 무엇보다 급한 큰 곳이
된다.

단 백에게 선수를 빼앗겨 a로 3연성을 깔게 하는 것이
싫으면 흑b로 가르기를 하는 수는 있을 것이다.

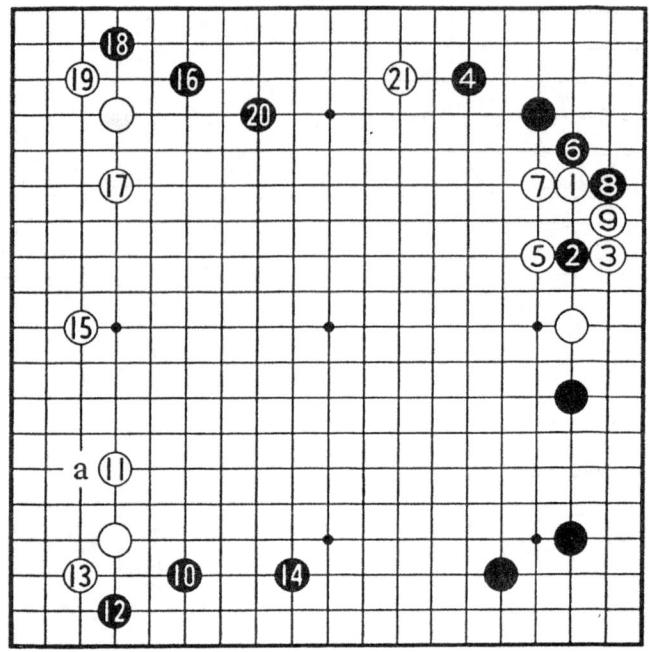

7 도

7 도 (하변에 모양)

전도에 이어 실전례.

백 1 에서 9 까지는 정석과 같은 것이다. 흑 8 의 젖혀놓기는 3 도에도 나왔는데 귀로의 침입을 선수로 막고 있는 수.

흑 10 에서 걸치고 14까지로 준비한다. 이 흑 10 의 걸침은 우측에서부터 하변 일대를 흑모양으로 하려는 생각에 의한 것으로 역으로 a에서 걸치지 않는 것이 보통이라 할 수 있다. 백 21 부터 중반전.

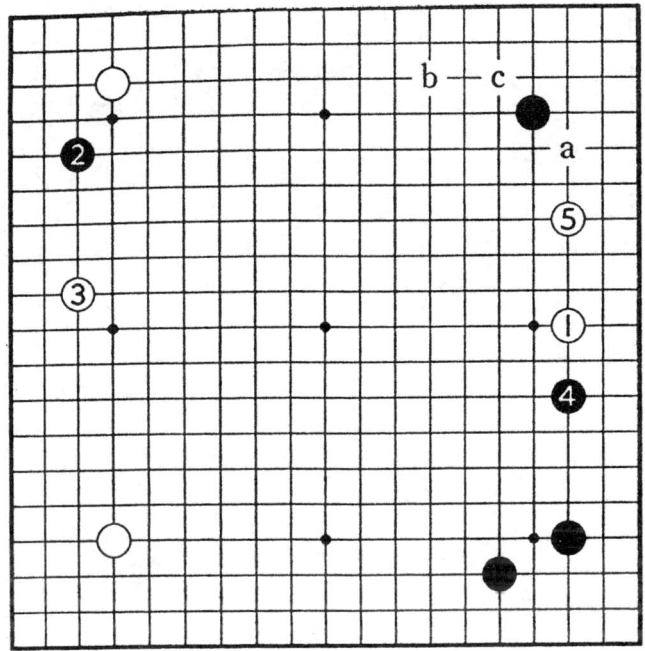

8 도

8 도(두 칸 벌림)

백 1 의 가르기부터 나타내 본다.

흑은 상귀가 화점, 하귀가 굳힘이다. 이것에 대해 백은 좌상귀 소목, 좌하귀 화점이라는 체제.

백 3 의 협공에 흑은 좌상을 방치하여 4 로 협공하는 것도 취향으로 하고 있다. 흑 2, 백 3 의 교환이 되면 일단 백 2 의 굳힘을 막게 되기 때문이다.

흑 4 의 메워벌림에 대해 백 5 로 두 칸에 벌리는 수도 있다.

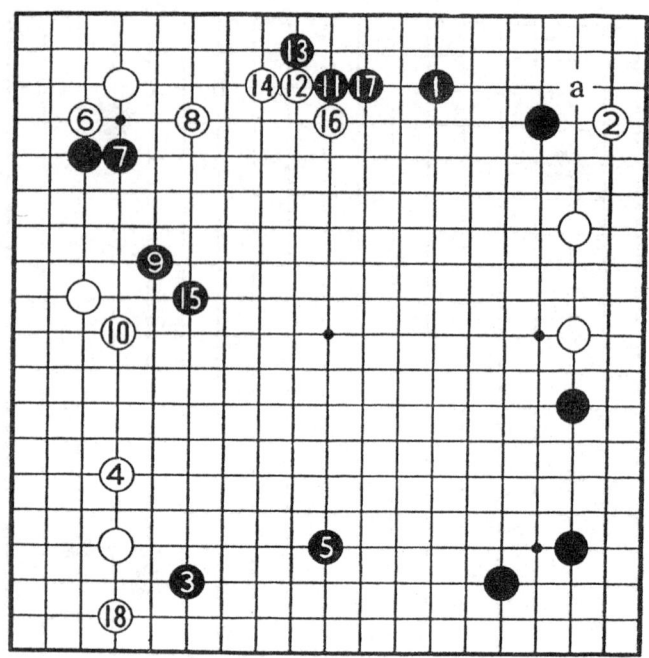

9 도

이것에 대해 흑a의 마늘모는 우변 백 두점의 공격을 노
린 수. 단 백b로 막히면 흑c의 받음을 생략할 수 없다.
흑a에서는 b로 눈목자로 받는 수도 있어 일장일단이다.

9 도 (실전례)

상도에 이어 흑1로 둔 예를 나타낸다.

백2에 흑a라면 견고하지만 대세에 뒤지는 듯하다. 그
런 이유로·3, 5로 큰 곳을 서두르고, 이하 백18까지 진
행하였다.

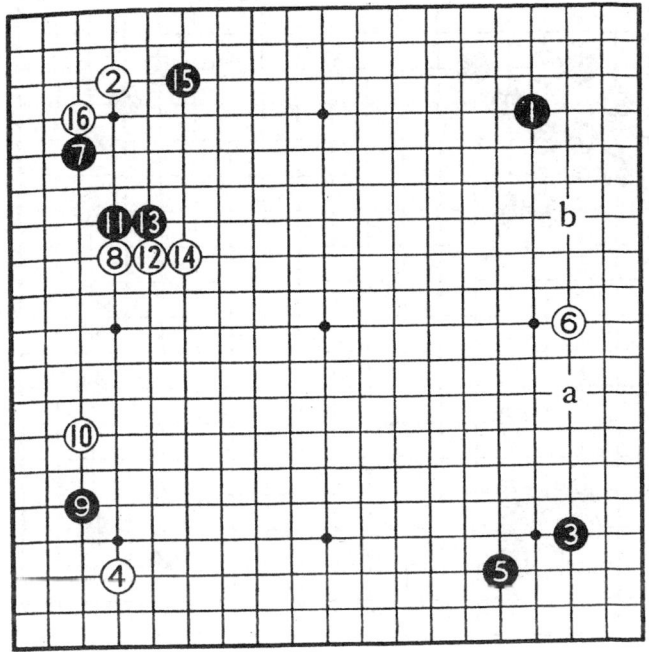

10도

10도

10도(실전례)

우변 백6의 가르기에 대해 흑a로 메우고 백b로 두 칸
에 벌린 실전례를 하나 들어본다.

단 이 바둑의 경우 좌변에서 싸움이 일어나고 일단락되
어 우변으로 옮기는 과정을 거치고 있다.

백2·4는 맞소목. 흑7·9에 대한 백8·10의 공격
은 상당히 가혹하다. 차도(次図)——

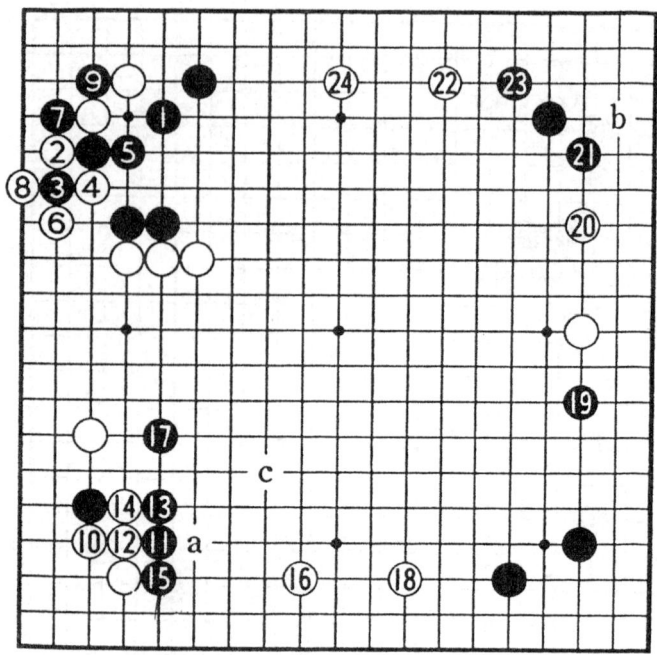

11도

11도(흑의 마늘모)

흑1로 봉쇄하고 백2에 흑3으로 2단 젖힘하여 완강한 맥이다. 결국 흑9까지 귀의 백 두 점을 빼앗았다.

좌하귀 백10에 대해 흑11 이하 가볍게 처리. 그것을 흑14로 세우면 백a로 가혹하게 공격을 가한다.

문제는 흑19 이하. 21에서 22는 백b로 달리기 쉬울 것이다. 흑21로 집에 단단히 버티었다. 백24에 이어서 백이 c로 공격하는 전개가 되었다.

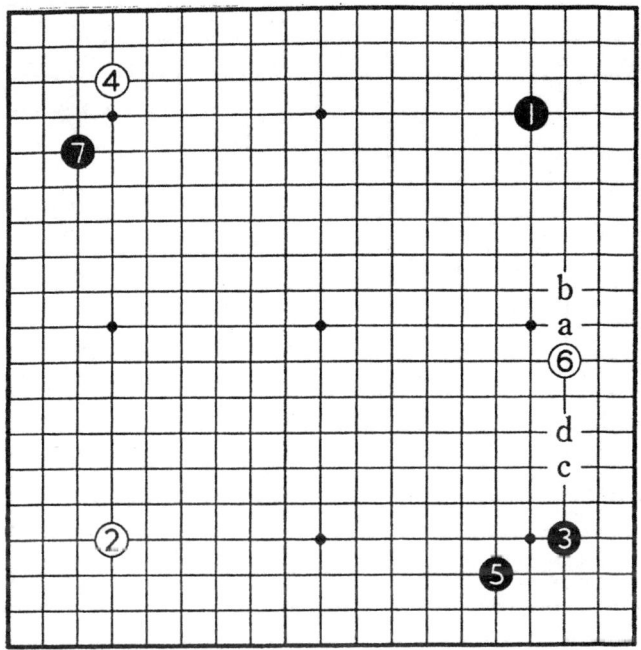

제 2 형

○제 2 형

가르기를 한길 비껴 두는 법에 대하여 생각해 보자.

백 6 이 그것이다. 제 1 형에서는 a로 가르기를 했으나, 그것은 한길 굳힘 쪽으로 비키는 것이다. 잘못되어 b쪽으로 비키지 않도록 하라.

이 백 6 으로 비키는 수의 특징은 흑b로 메웠을 때 백c 의 벌림이 하귀의 흑의 굳힘을 약하게 한다. 그렇다고 해서 백 6 에 대해 흑d로 메우는 것은 d로 3 의 간격이 좁으므로 좀 기가 죽게 된다. 흑에게 그렇게 방황하게 만드는

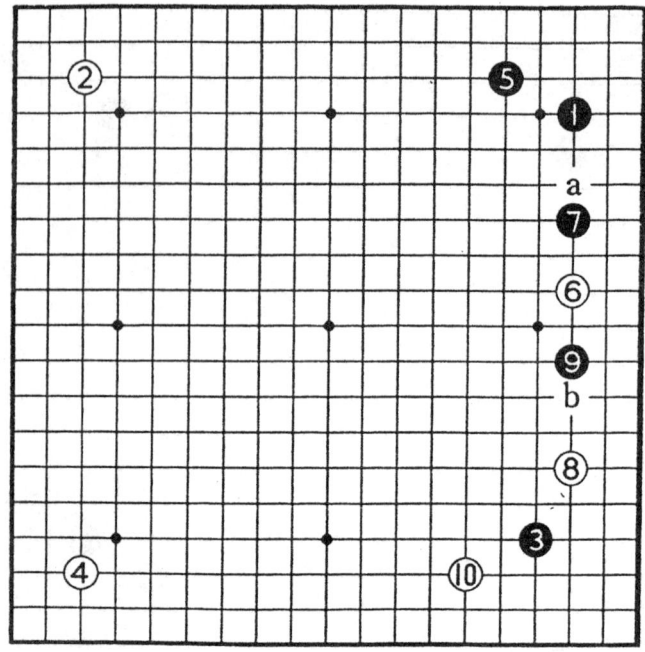

1 도

것이 가르기이다.

　1 도 (메움)

　전술한 바와 같이 흑 7 은 약간 좁고 기가 죽는 메움이다. 그러나 우상귀의 모양을 형성하는 점에서 훌륭한 일착이 된다.

　흑 7 에서 9 로 메워 백 a 로 벌리게 할 때는 아닌 듯하다.

　백 8 은 당연. b 로 두 칸에 벌리게 되면 흑 8 이 딱 적당. 흑 9 로 뛰어든다.

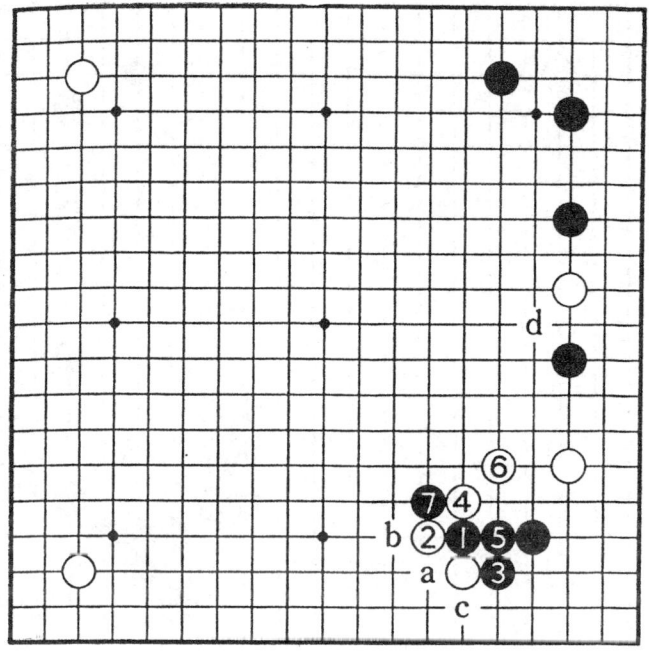

2 도

2 도 (실전례)

전도에 이어서 흑1 · 3의 붙여누름.

붙여뻗음은 좀 헐겁고, 프로는 웬만한 일이 아니면 사용하지 않는다.

흑5 까지 집에 인색한 것으로 붙여누름을 좋아하는 것이다. 보통은 이다음 흑a로 자르고 백b, 흑c가 되는 것이 상형이 되어 있으나, 여기서는 흑의 세력이 강한 곳. 그러한 곳에서는 흑7로 끊어 냉정하게 싸우는 것이 좋다.

실전에서는 이 다음,

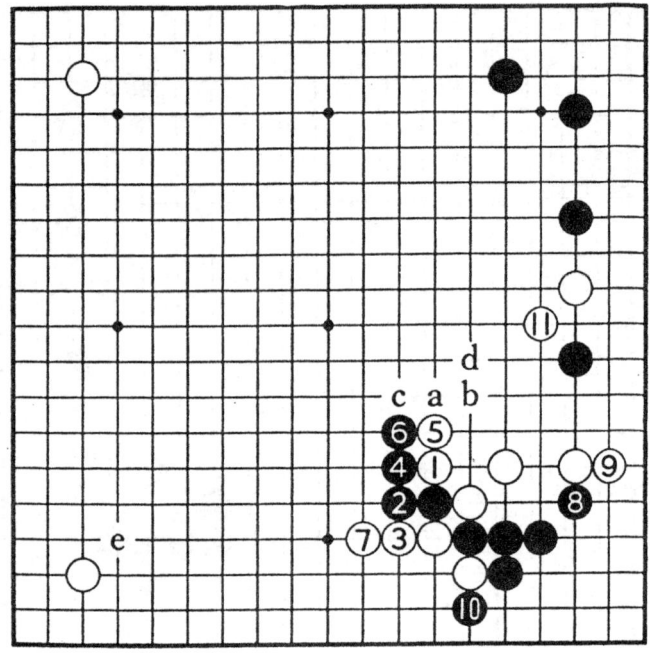

3 도

3 도 (일단락)

백 1 의 단수에서 3 으로 완강히 저항해 왔다.

흑 4 · 6 모두 생략할 수 없다. 요석(要石)이므로 빼앗기면 바둑은 끝난다.

백 7 도 이 한 수.

흑은 우선 8 을 살려 10 으로 단수, 집을 살려 확보하면서 하변의 백으로의 공격을 노린다.

백 11 에 이어 흑a, 백b, 흑c, 백d로 일단락하고, 흑은 e의 어깨붙임으로 돌았다.

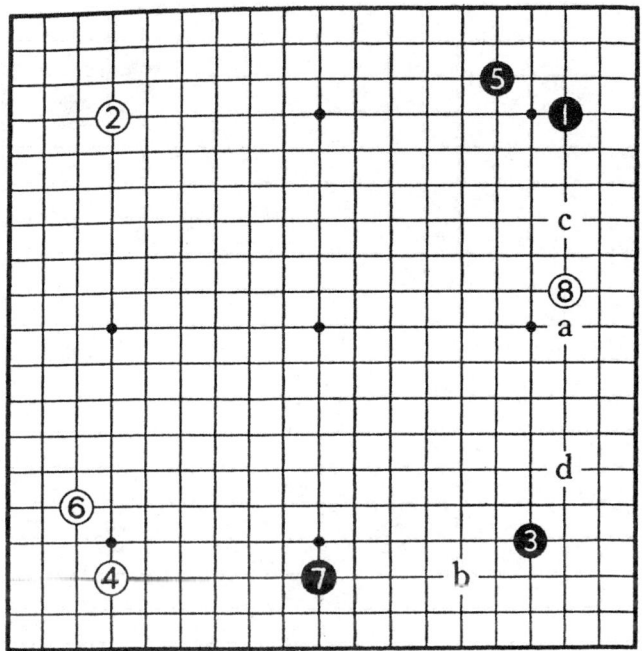

4 노

4도 (굳힘 우선)

흑 5까지는 지금까지와 똑같은 수법.

백은 절대로 가르기를 하지 않으면 안될 것은 없다.

포석의 3원칙에서 보아도 이 백 6의 굳힘은 큰 곳에 우선시켜야 할 것이다.

흑 7도 흑백 쌍방의 세력의 쟁점. 그런 이유로 비로소 백 8의 가르기에 손이 미쳤다.

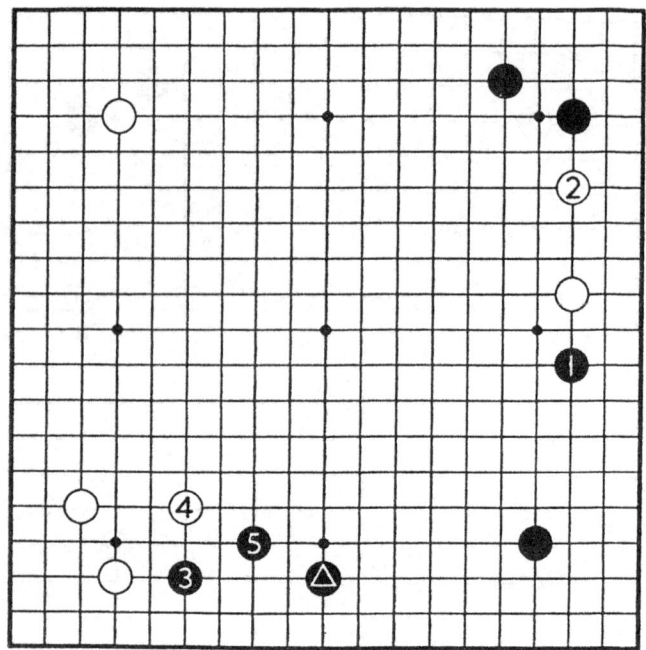

5 도

또한 흑7에서 a로 준비하면 백은 b에서 걸쳐 좌하변에 백모양을 형성하게 된다.

백8에 대해 흑c라면 백d이다. 그러나 여기는,

5 도(실전례)

흑1로 메우고 싶은 기분이 든다. 하변의 ●가 이미 자리잡고 있으며 아랫쪽의 흑모양을 소중히 하고 싶기 때문이다.

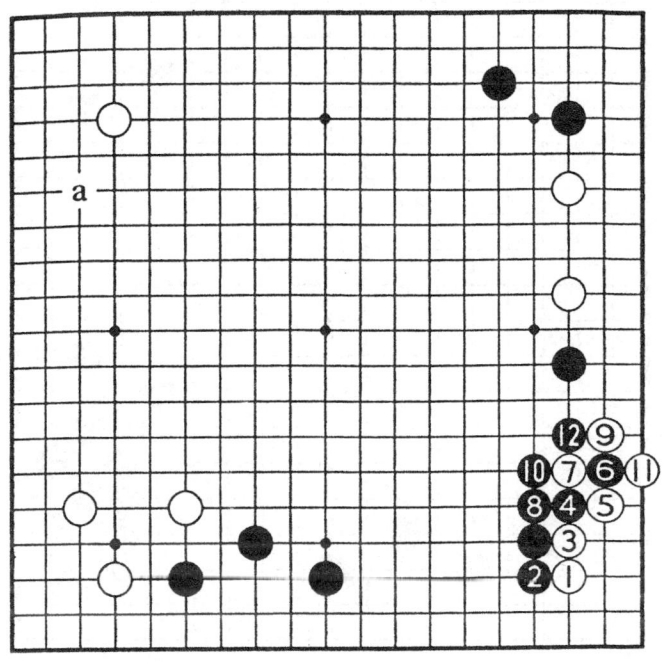

6 도

6 도 (3 · 3 들어가기)

전도에 이어서 백은 바로 1, 3 으로 들어왔다.

물론 예상되는 곳이다. 흑 3 으로라도 굳히고 나면 백은 들어가기 어려워진다.

흑 2 는 '넓은 쪽에서부터 누르라' 는 원리에 들어맞는 것. 그리고 흑 12 까지는 흔히 쓰는 방법이다.

여기서 백 6 으로 이어받게 하고 흑a로 돌리면 흑의 생 각대로인데 백은 잇지 않고 반격해 왔다.

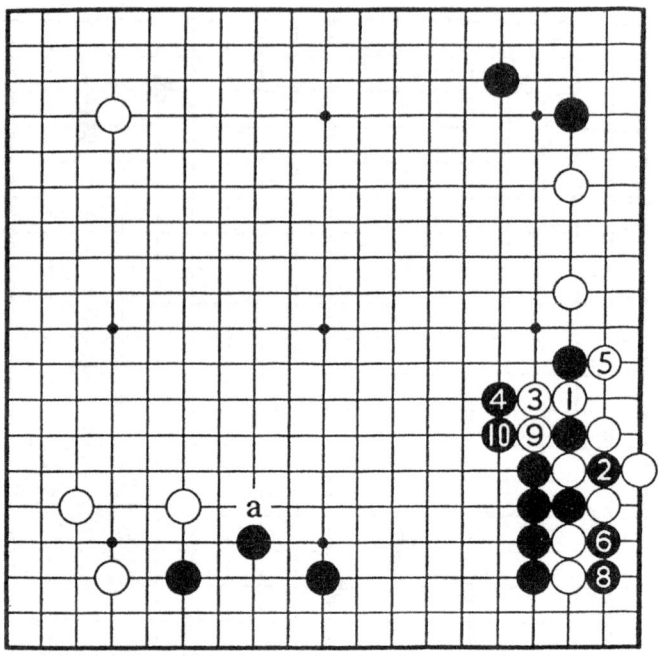

⑦ 패따냄 (2 의 왼쪽) 7 도

7 도 (백이 우세하다)

백 1 의 단수가 그것이다. 흑 2 의 되따냄에 백 3 으로 붙여내 강경히 버티었다. 흑 4 의 붙임에 백 5 로 젖히고 있는 수가 훌륭하며, 이하 흑 10 까지 백에게 쉽게 두게 하고 있다.

따라서 이 바둑에서는 6 도 흑 6 의 2 단젖힘에 문제가 있으므로 단지 동도(同図) 흑 7 로 뻗고 있지 않으면 안되었다.

본도 흑 10 이후 백은 a로 붙여 좌변의 모양확대에 노력했다. 이곳은 쌍방의 모양의 쟁점이다.

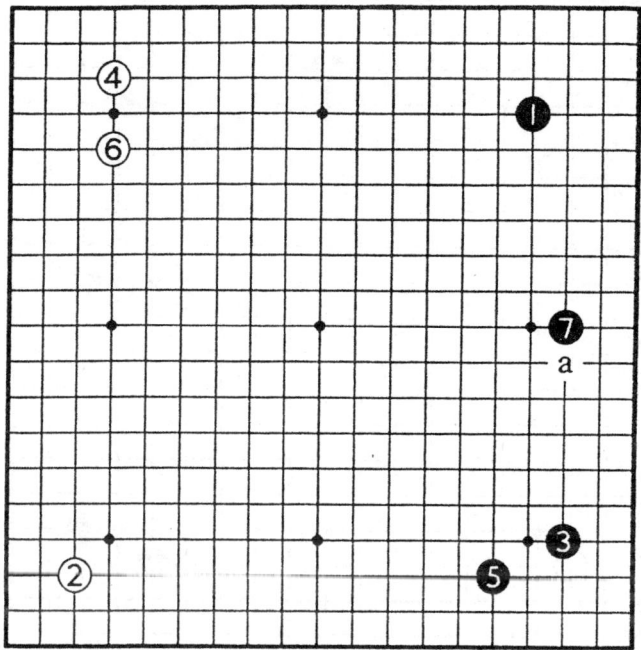

제 3 형

○제 3 형

혹의 준비(화점과 굳힘)에 대해 백이 가르기를 해 오지
않을 경우도 있을 수 있다.

예를 들면 본도도 그 하나이다. 혹 5 의 굳힘에 대해 백
도 6 으로 굳히고 있다. 이것도 훌륭한 일착.

백이 6 에서 7 이나 a 로 가르기를 해 오지 않았으므로
혹은 7 로 준비하여 우변에 큰모양을 형성하였다. 이 패턴
에 대하여 검토해 보자.

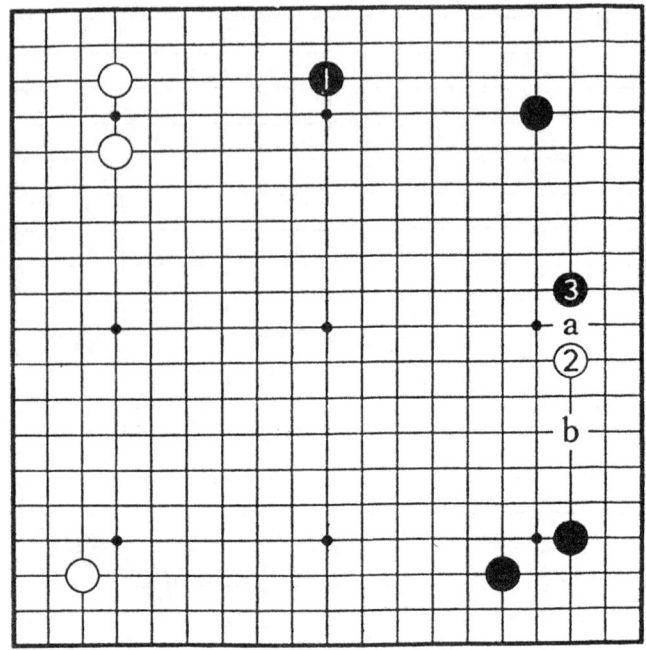

1 도

1 도(가르기)

혹 1 은 혹백 쌍방의 세력의 중심점. 이것도 있다. 그렇게 되면 백 2 (또는 a)의 가르기는 명백하다.

다음은 혹의 메움인데, 상방(上方)의 모양을 중요시하면 3 에서, 또 우하귀의 모양을 중요시하면 혹b에서 메운다.

이 상황에서 혹 3 이나 혹b가 되면 평가가 상당히 어려울 것이다. 혹 1 은 모처럼 가르기를 해 오지 않았으므로 제 3 형 혹 7 로 준비하고 싶은 기분이 든다.

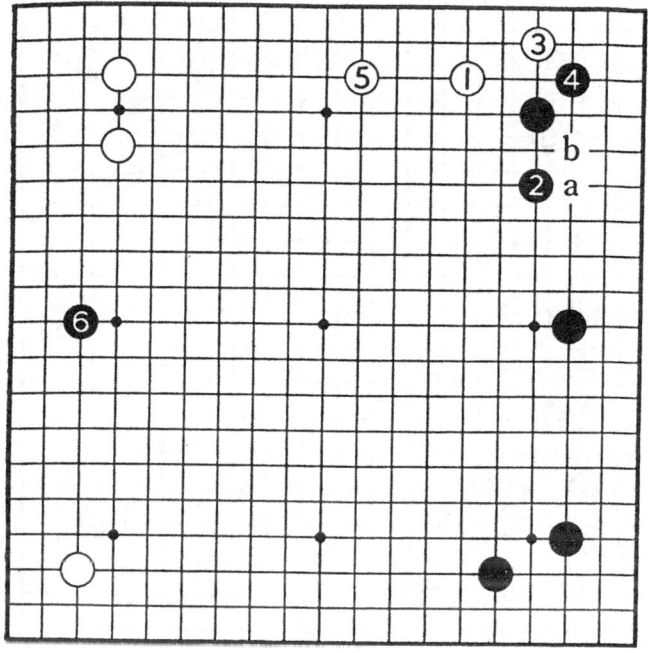

2 도

2 도 (백의 걸침)

백으로서 제일 먼저 직감적으로 떠오르는 것이 이 1.

좌상의 굳힘을 뒤로 상변에 백모양을 형성하고 싶은 부분이다.

우변의 흑모양이 커질 것 같다——는 불안에서 서둘러 백 1 에서 a로 들어가거나 하는 것은 좋지 않다. 흑b의 마늘모 붙임부터 공격을 시작한다.

백 5 에서 상변이 일단락되면 이번에는 흑 6 의 가르기이다.

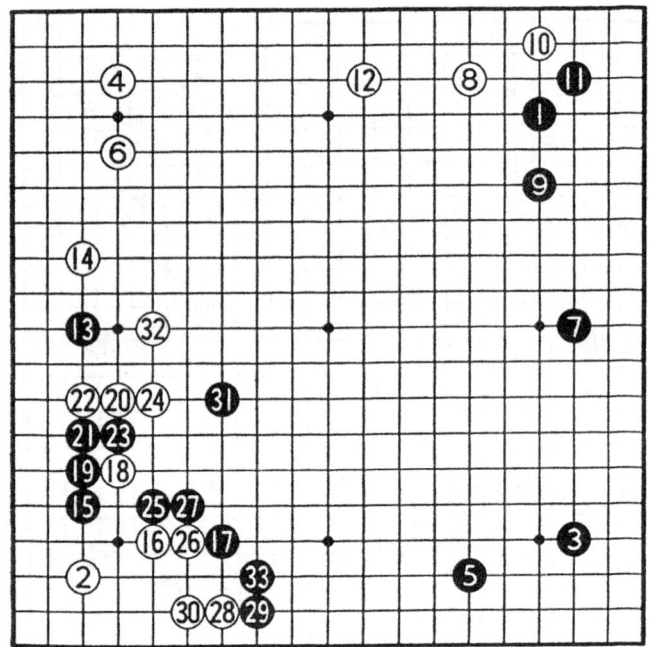

3 도

그럼 비슷한 실전례를 나타내 보자.

3 도(실전례)

필자(흑)가 제6기 명인전 리그에서 加藤正夫 9단과 대전했던 바둑이다. 우하(右下) 눈목자가 다르다.

◇**학습의 포인트 5**

(1) 화점과 굳힘의 준비는 포석으로서 아주 훌륭한 것이다.

(2) 모양을 주지 않기 위해 상대부터 빨리 가른다.

(3) 가르기는 화점과 화점 아래의 두가지 방법이 있다.

제2장

멜빵형의 포석

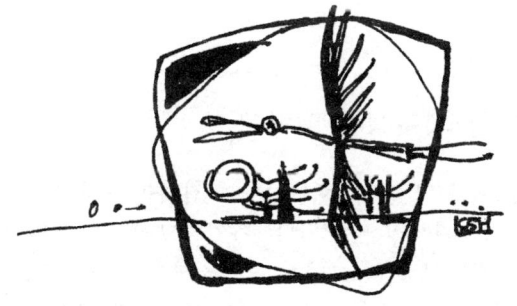

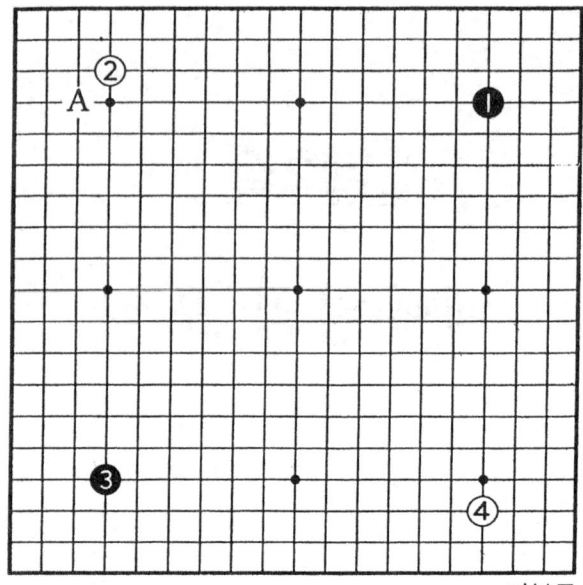

기본도

● 멜빵형의 포석에 대하여

기본도 혹은 1·3으로 우상귀, 좌하귀를 차지하고, 백
은 2·4로 좌상귀, 우하귀를 차지하고 있다. 흑백 서로
멜빵같이 교차하고 있는 데서 이것을 멜빵형이라 부른다.

우상귀는 화점, 소목 혹은 외목, 고목 여러가지 있는데,
그것은 평행형도 똑같다. 그러나 좌상, 우하에 있는 백돌
이 화점에 있느냐, 소목에 있느냐, 또는 소목이라도 2냐
A냐, 그것에 따라서 포석 구상은 전혀 달라진다.

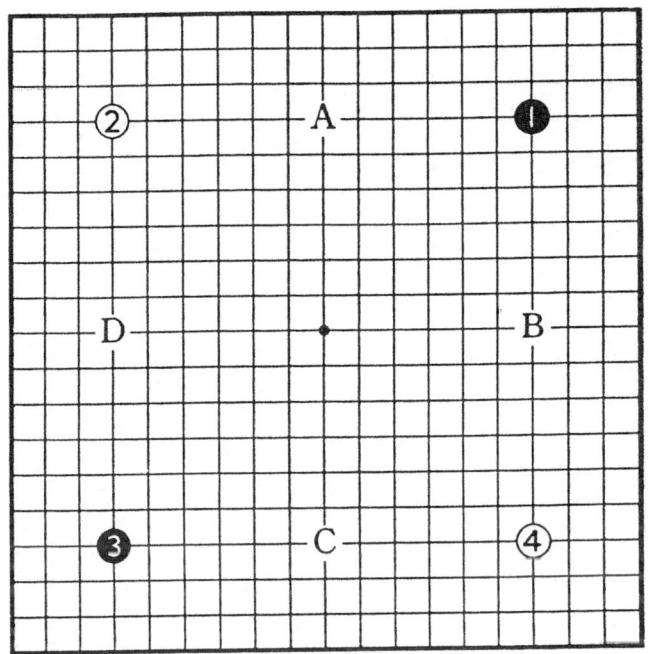

1 도

1 도(멜빵 화점)

같은 멜빵에서도 흑1·3의 양자가 화점에 있는 경우, 이것을 '멜빵 화점'이라 부르고 있다.

이 그림에서는 백2·4도 역시 멜빵 화점으로 되어 있다.

흑백 모두 같은 멜빵 화점이라면 비교적 알기 쉬운 포석이 된다. 흑에서는 A, B, C, D의 네군데에 큰 곳이 있으나, 흑이 두군데를 차지하면 백도 두군데를 차지하게 되어 단순화 되기 때문이다.

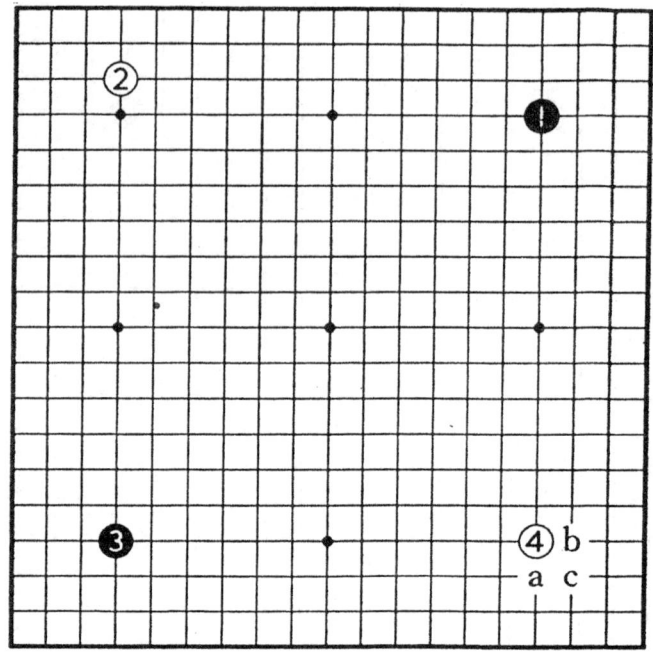

2 도

2 도(백은 혼합)

흑 1·3은 멜빵 화점이지만 백 2·4는 다르다. 2가 소목이고, 4는 화점에 두고 있다.

같은 멜빵형이라도 백은 혼합형으로 되어 있다.

실전에서는 멜빵형의 경우, 아마 백의 이 형이 가장 많이 사용되고 있을 것이다.

그러나 흑이 멜빵 화점인 경우, 백은 반드시 이렇게 두지 않으면 안된다는 것이 아니고, 예를 들면 백 4는 a, b의 소목, c의 3·3이라도 좋다.

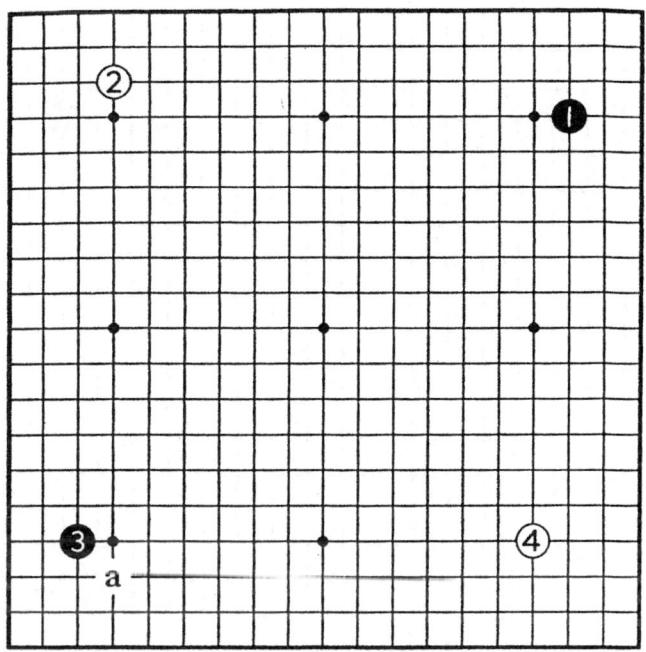

3 도

3 도 (멜빵 소목)

비스듬히 각각 소목으로 둔 것을 '멜빵 소목'이라 부르고 있다.

이 흑1·3이 그것.

백은 여기서는 일단 2를 소목으로 두고 4를 화점으로 두었으나, 이들은 물론 외목이었든 고목이었든 백에 관계없이 멜빵 소목의 포석이 된다.

그러나 백의 배치에 따라 포석이 변하는 것은 당연하다.

또 같은 멜빵 소목이라도 3이 a의 소목인 경우도 있다.

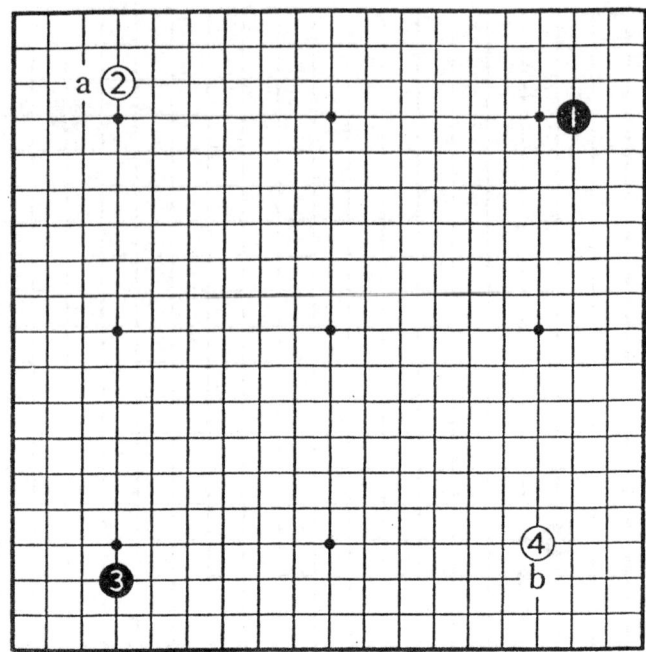

4 도

4 도(별형)

즉 흑 3 방향의 소목에 위치하고 있어도 역시 멜빵 소목이다.

이 경우 백 2 로 흑 3 이 서로 마주하고 있어, 소위 '싸움소목'으로 불리는 관계에 있다.

단 이 포석의 경우에도 백은 화점에 두든가, 2 가 a의 3 · 3 에 있는, 혹은 4 가 b의 소목에 있는 등 수많은 상황을 생각할 수 있다.

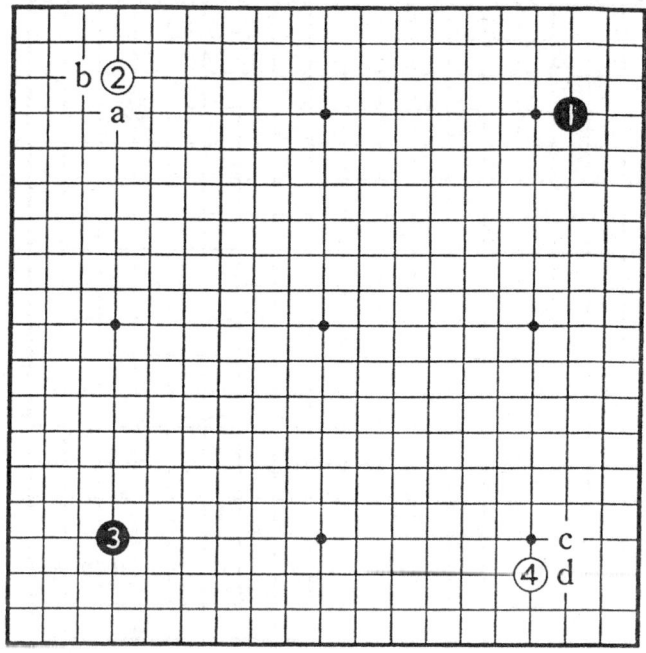

5 도

5 도(혼합형)

흑1이 소목, 그리고 3이 화점으로 짝지어진 것을 여기서는 멜빵형의 혼합 타입으로 구별해 둔다.

이 혼합형 쪽이 최근에는 많이 사용되고 있다. 이 그림의 백2·4는 '멜빵 소목'으로 되어 있으나, 백2가 a의 화점이나 b의 3·3이라도 상관없다——는 것은 이제까지와 같다.

또 백4로 해도 c의 소목, d의 3·3등 여러가지 있을 것이다.

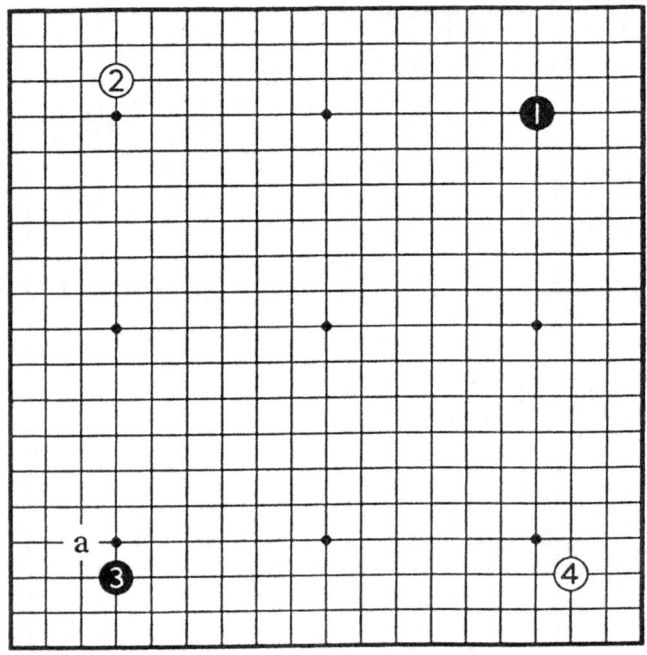

6 도

6도 (대칭)

혹1이 화점이고 3을 소목에 두고 있다. 위치로서는 5 도와 반대이지만 기반은 정방형이므로 뒤집어서 생각하면 5도와 똑같다고 할 수 있다. 단 그 경우는 혹이 a의 위 치에 있어야만 하지만, 생각하기에 따라서는 a에 있든, 3 에 있든 변함없다.

또 백의 위치에 따라 앞으로의 진행, 생각이 달라지는 것은 당연하다.

또한 백2와 혹3은 싸움소목이 되고 있다.

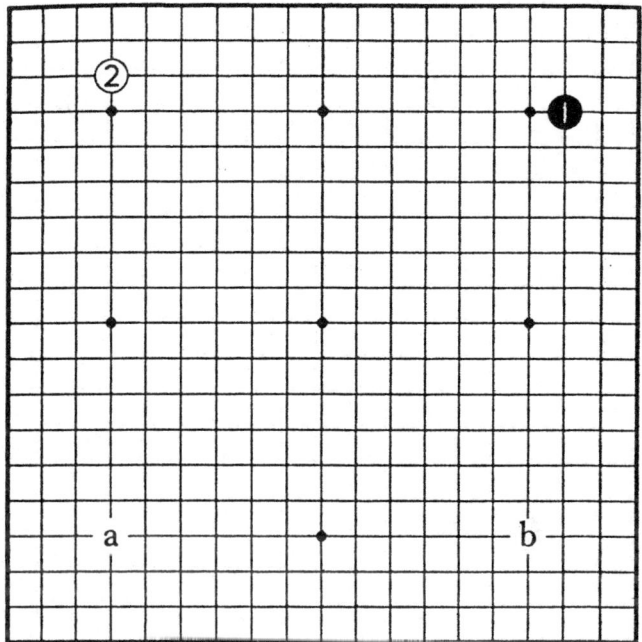

7 도

7 도 (선택권)

멜빵형을 채용할 첫번째 권리자는 백이다. 예를 들면, 흑1에 백2로 두면 흑a로 두고 백b가 되어 멜빵형이 될 수 있다.

그런데 백이 이 2에서 a로 두면 절대로 멜빵형은 되지 못한다. 백a로 두면 흑으로서는 나머지 2나 b. 어느 쪽에 두어도 평행형이 되기 때문이다.

그럼 항상 백에게 멜빵형으로 만들 권리가 있는가 하면 그렇지만도 않다.

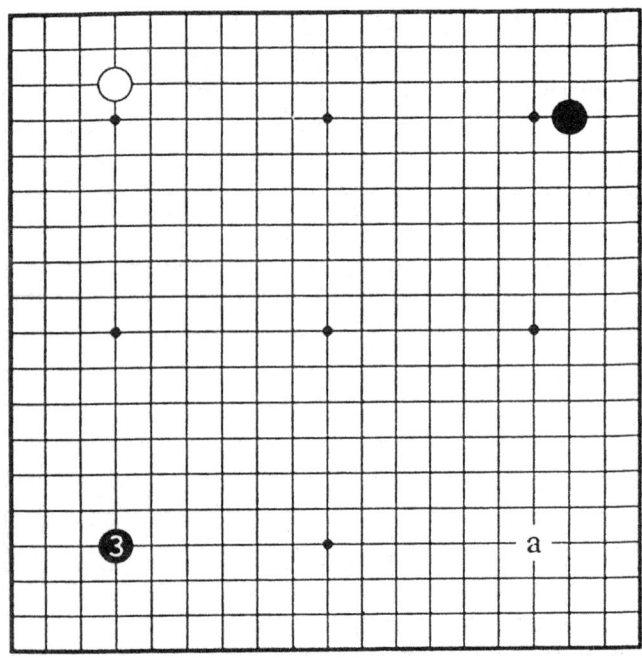

8 도

8 도 (흑이 제 2 의 선택)

백이 7 도에서 2 로 두어 멜빵형으로 들어갈 여지는 남았으나 그것은 가능성이지 절대는 아니다.

본도 흑 3 으로 두면 멜빵형이다. 그러나 그것은 흑이 즐겨 사용했던 것이라 흑a로 두면 멜빵이 되지 않고 평행형이 되고 만다. 즉 제 2 의 선택권은 흑에게 있는 것이다.

요컨대 7 도 백이 2 로 두어 거기에 멜빵형의 가능성이 생기고, 8 도 흑 3 으로 두어 비로소 멜빵형이 된다는 것이다.

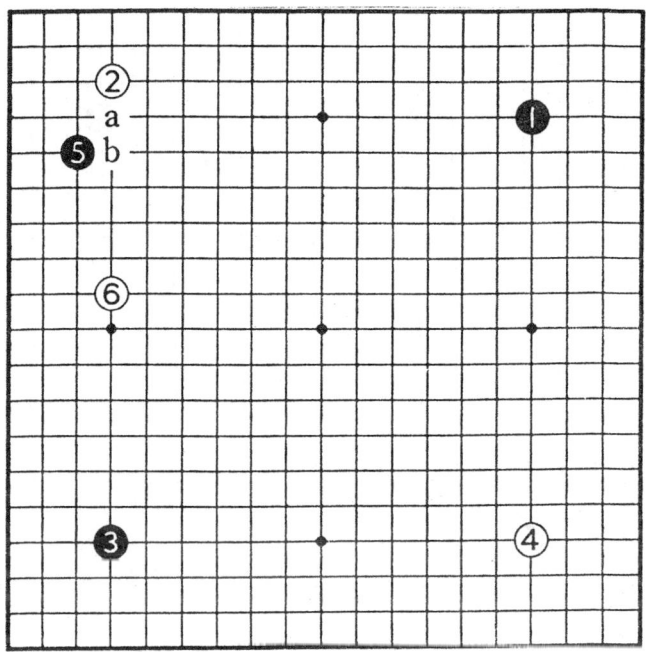

제 1 형

1. 멜빵 화점

빈 귀를 두군데 비스듬히 화점두기를 하는 것을 멜빵 화점이라 부르고 있다.

흑끼리, 혹은 백끼리 어느 경우에든 멜빵 화점이 된다.

2연성과 달리 변에 치우쳐 있지 않으나 재빠른 포석인 것은 다른 화점두기와 변함없다.

○제 1 형

흑 1 · 3 이 멜빵 화점.

한쪽의 백은 2 가 소목, 4 가 화점의 혼합형으로 되어

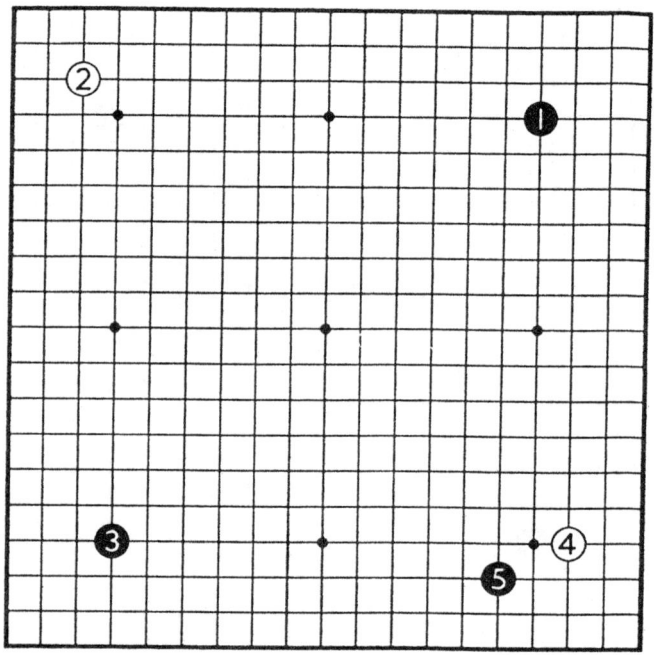

1 도

있으나, 백 2 가 a에 있으면 백도 멜빵 화점이 된다.

쌍방 모두 멜빵 화점인 예는 비교적 적으므로 굳이 이 형을 들어 보았다.

흑은 당연히 백의 군힘을 막아 5 로 걸친다.

백 6 의 세 칸 높은 협공은 최근 유행하는 형이다. 또한 흑 5 에서는 b로 높이 걸칠 수도 있다.

1 도(소목으로의 걸침)

흑 이 포석이면 흑은 5 로 걸친다.

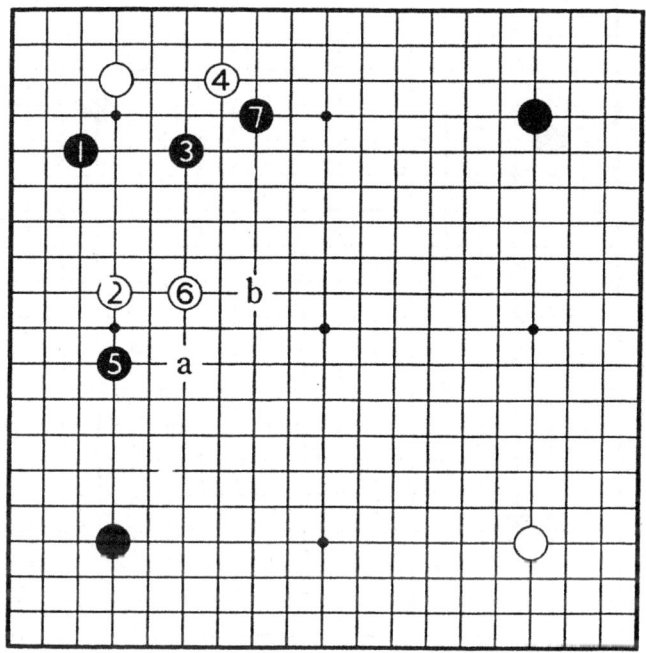

3 도

3 도 (두 칸 뜀)

이 경우 흑3으로 두 칸에 뛰는 수가 많이 사용된다. 백 4와 교환하여 5에 메우려는 것이다.

흑3, 백4의 교환은 분명히 집에 있어서 흑이 손해. 그 손실을 보충하기 위해서는 어떻게 하든 흑5의 메움이 필 요하다. 상방에 백집을 주는 대신에 좌하에 흑모양을 만 들려는 것이다.

백6으로 뛰어나왔을 때 흑7로 걸쳐 가는 수도 많이 사 용된다. 또 흑7에서 a로 쫓아내는 수도 있고 백b로 뛰게 된다.

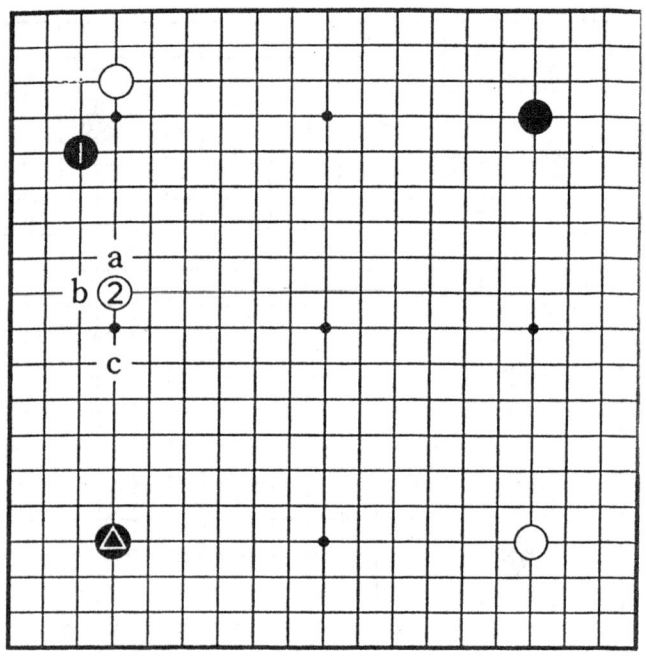

2 도

2 도(세 칸 높은 협공)

종래에는 백 2 의 세 칸 높은 협공보다도 a 의 두 칸 높은
협공 혹은 백b의 세 칸 협공이 많이 사용되었다.

그것이 이렇게 변해온 것은 시대 변천에 따른 것도 있으
나, 높이 둠으로써 중앙에서의 싸움을 유리하게 가져가려
는 의식이 작용하고 있는 탓도 있다.

또 세 칸이면 흑c로 메워져도 c와 ● 과의 간격이 조금
은 좁아진다는 것으로 백은 만족할 수 있다는 이치도 있
다.

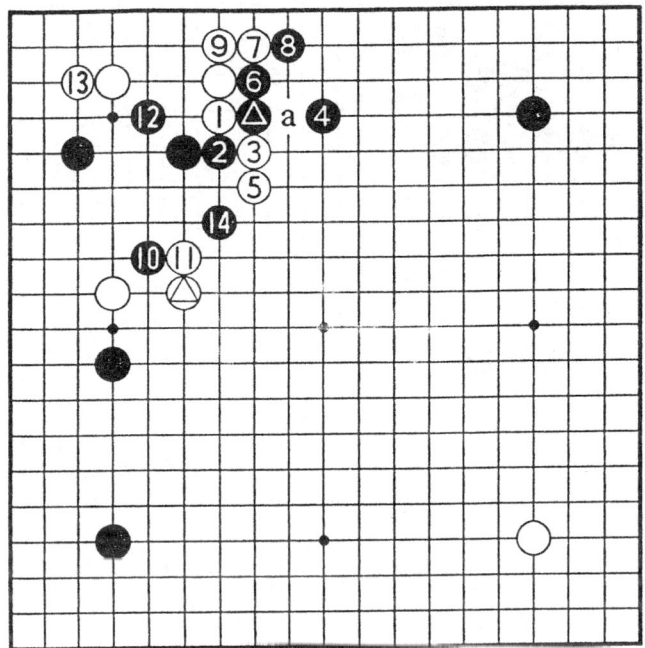

4 도

4 도 (실전례)

백의 뜀. 즉 △의 일착이 더해지고 있을 때에는 ●의
걸침에 대해 백 1 · 3으로 다 나오는 것이 상식이다.

백 1에서 6으로 받고 있는 것은 기합 부족. 흑a로 압
박되어 좋지 않다.

흑 4는 모양. 백 5 이하 9가 되어 여기서 이미 전투에
들어간다.

흑 10의 엿봄은 14로 뛰어나오기 위한 준비이다.

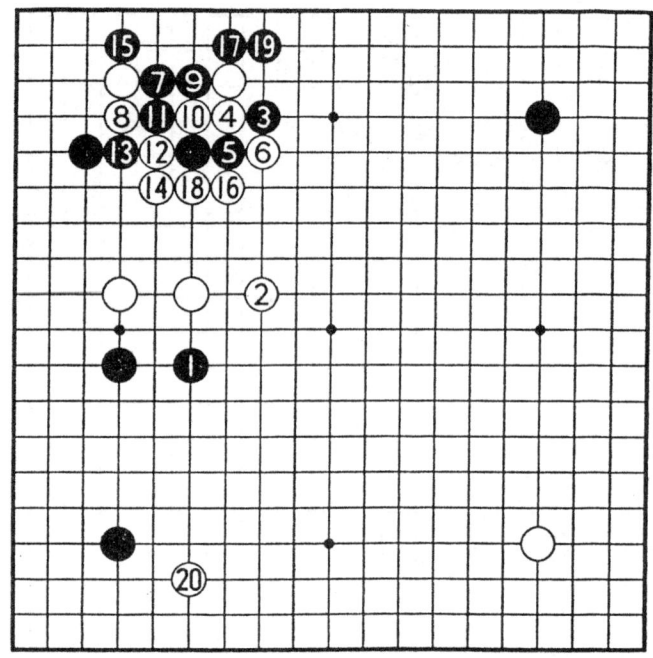

5 도

5 도 (실전례)

흑 1로 뛰고, 백 2로 교환하고 나서 흑 3으로 걸친 예도 적지 않다.

여기서는 백 4 · 6으로 나와 끊는 한 수.

흑 7로 붙이는 변화로 백 8의 뻗음 이하 흑 19까지가 정석. 흑의 실리에 대해 백의 두터운 맛인데, 백 2는 약간 살아난 느낌이 들지 않는 것도 아니다.

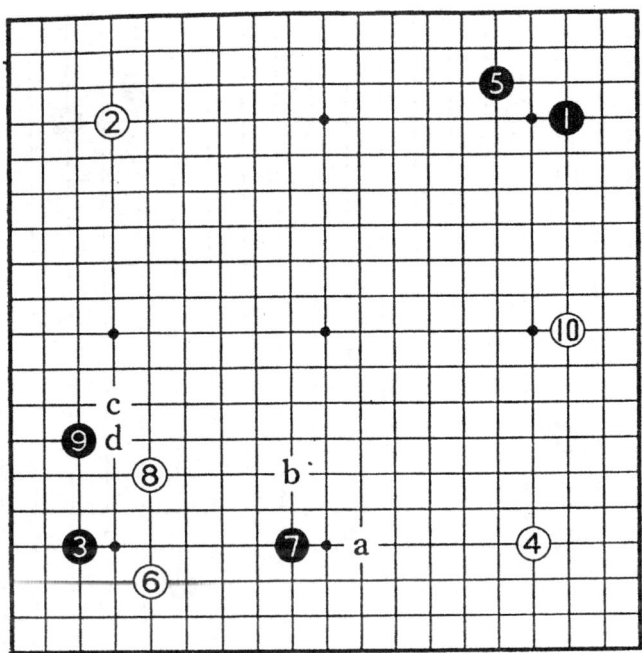

6 노

6도(백의 멜빵 화점)

멜빵 화점은 전술한 바와 같이 흑의 선속 특허가 아니라 백의 경우에도 있을 수 있다.

흑1·3은 멜빵 소목.

백2·4의 멜빵으로 둔 이면에는 흑5로 굳히면 6으로 걸친다. 또 흑이 6으로 굳히면 5로 걸친다는 속셈이 있다.

백10은 최대의 큰 곳. 이것으로 a로 메우는 수도 있으

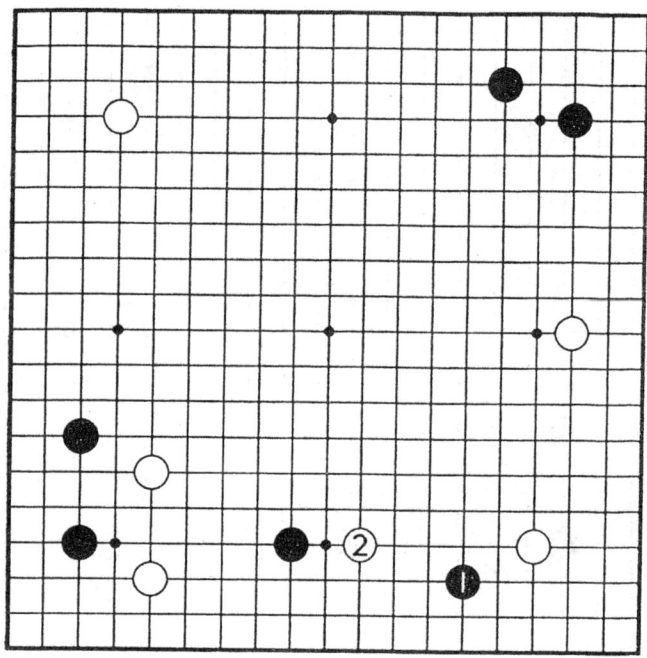

7 도

나, 혹b, 백c에서 혹d로 나가는 변화가 될 것이다. 이것
은 자칫하면 10방면의 호점에 혹이 선착하기 쉽다. 백은
그것을 피하여 10으로 선착한 것이었다.

　7도(뛰어들기)

　혹1로 걸쳤을 때, 바로 백은 2로 뛰어들어 왔다. 6도
백10으로 전개한 이면에는 지금부터 이 백2를 예정하고
있었던 것으로 생각된다.

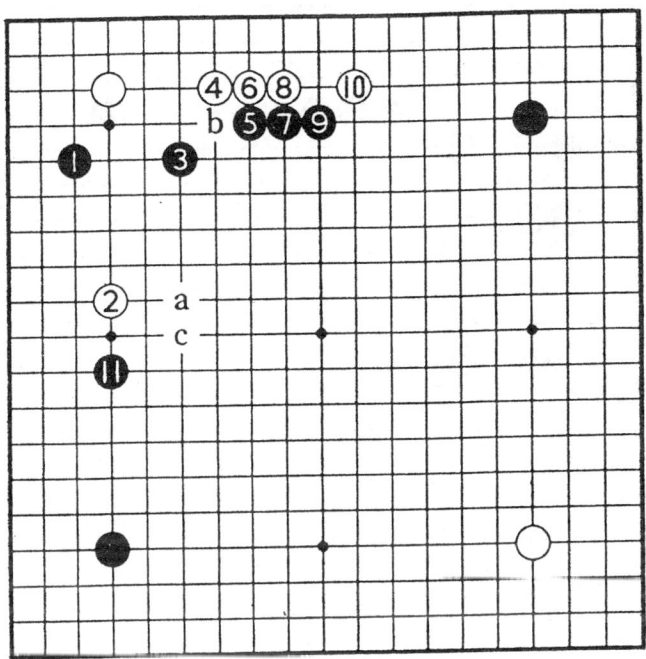

제 2 형

○제2형

멜빵 화점의 준비에서 흑1로 걸치고 이하 백4까지는 전형과 같다.

여기서 바로 흑5로 걸쳐 가는 수도 있다. 이 경우는 아직 a에 백돌이 없으므로(4도와 비교 참조), 백b로 전부 나가려는 것은 자군을 어렵게 만든다.

백10까지는 정석.

거기서 흑11로 메운다. 다음에 흑a의 씌움, 혹은 c의 걸침이 엄한 것으로, 다음 그림

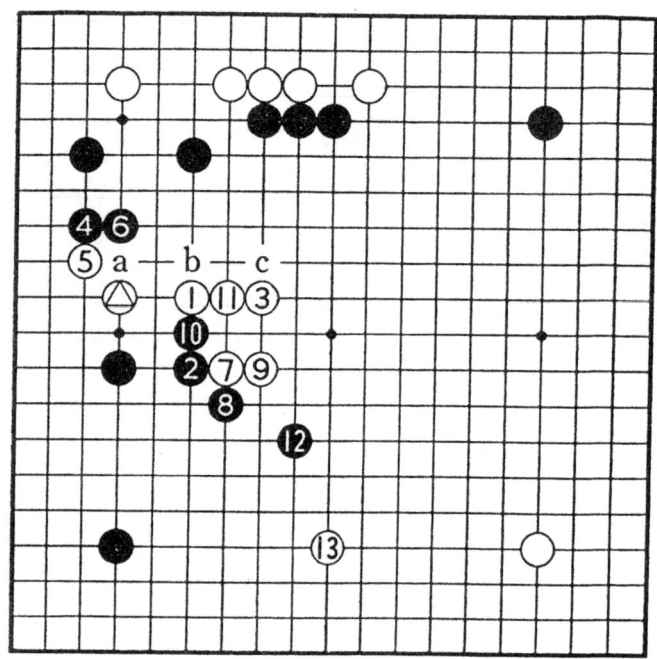

1 도

1 도(실전례)

백 1 로 뛴다.

△가 a의 두 칸 높은 협공에 있고, 백 1 이 b의 위치에 있는 경우는 흑c의 씌움이 엄한 수이지만, 한길 떨어져 있는 것 만으로 엄하게 하는데 부족하다고 본 것일까. 흑 2 에서 4 로 둔 예가 있다.

제 6 기 기성전 최고 기사 결정전의 일회전에서 林海峯 9 단(백)과 石裕 9 단이 대전했을 때 이 형이 생겼다.

흑 12 는 약간 얇은 수. 백 13 이 호점이다.

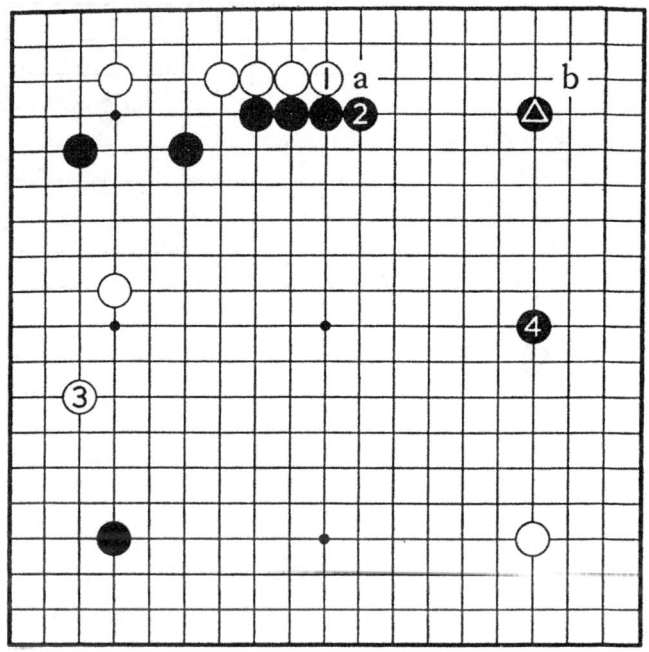

2 도

2 도(선수를 쥐는 법)

제 2 형 흑 11 의 메움을 피하고 동도(同図) 백 10 의 뜀에
서, 이제 백 1 로 기고, 흑 2 로 교환하고 나서 3 으로 벌
리는 것도 한 방법이다.

흑a로 누르고 들어가도 ●과의 폭이 좁고, 게다가 백b
로 3 · 3 으로 들어갈 여지가 남아 있기 때문이다.

이 변화는 제 7 기 기성전의 도전시합에서 藤沢秀行 기
성 대 趙治勳 명인(흑)의 제 2 국에서 생겼다.

그러나 흑도 4 로 호점을 차지하여 알맞은 분리로 생각
된다.

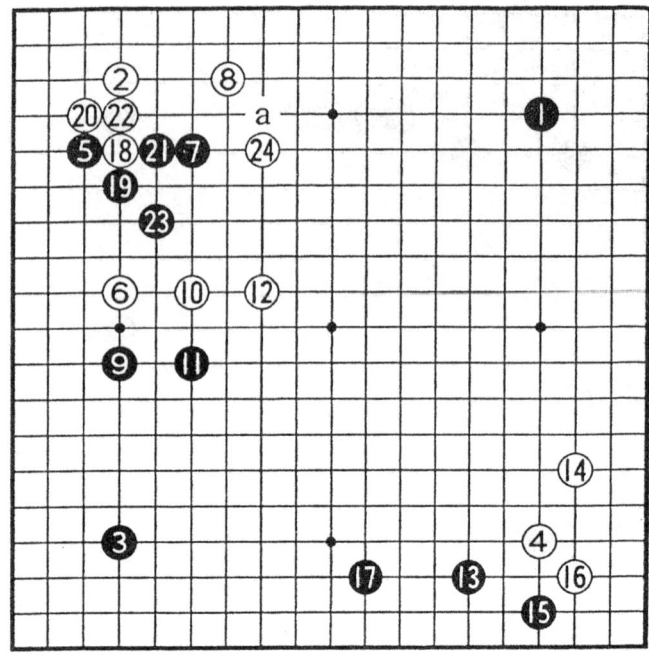

3 도

3 도 (걸치지 않는 예)

여기서는 흑 13 에서 a 로 걸치지 않는 예를 들어 본다.

좌상의 흑 두점 (5 와 7)을 승부로 끌고 가려는 작전이
다.

흑 13 으로 걸치고 17 까지로 좌변에서 하변에 걸쳐 흑은
큰모양을 형성하였다.

이 결과 백 18 로부터의 공격을 받는데, 이것은 이것으
로 또 하나의 바둑일 것이다. 【제36기 본인방전 리그, 林
海峯 9 단(백) 대 坂田栄男 9 단전】

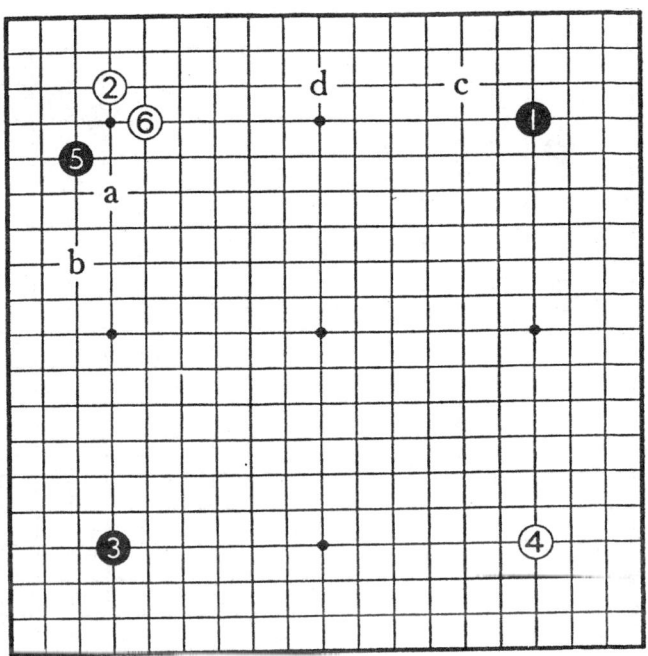

제 3 형

○제 3 형

흑 5 의 걸침에 백 6 으로 마늘모를 하는 수도 있다. 백 6
은 소위 '秀策의 마늘모' 로 불리는 수.

위치를 높게 유지하기 위해 두는 것이다. 즉 여기를 두
지 않고 놔두면 언제 흑 6 으로 날일자로 걸쳐 압박당할
지 모른다. 이것을 피하기 위해 두는 것이다.

그와 동시에 백 a 의 걸침과 b 로부터의 걸침을 노리고 있
다. 더 나아가 백 c 의 걸침으로 상변의 백모양을 만들 의
도등 여러가지 기능을 갖고 있다.

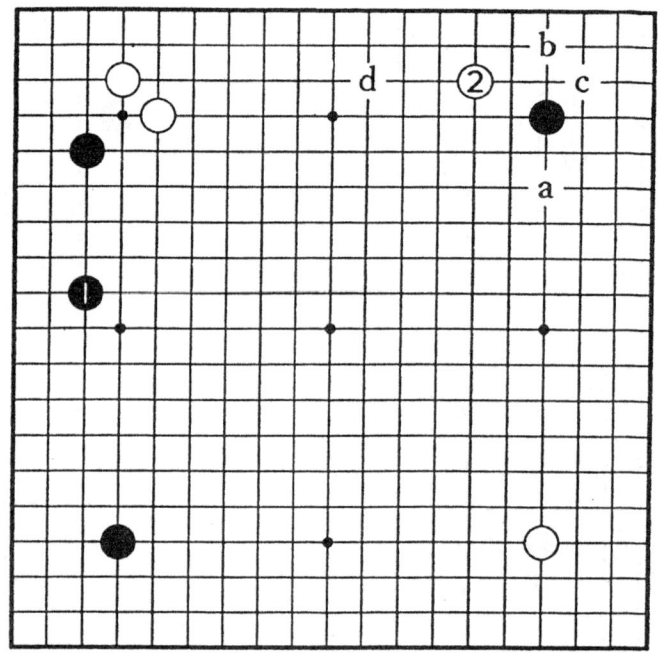

1 도

1도(상변에 모양)

3형 백a나 백b를 피하기 위해 두는 것이 흑1의 벌림.

1은 동시에 좌변의 흑모양 형성을 계획하고 있다. 좌변에 바로 수가 없어졌다고 하면, 백2로 걸치는 것이 秀策의 마늘모를 두었을 때부터의 예정 행동이다.

여기서 흑a로 응하면 백b, 흑c, 백d로 상변을 모양으로 만든다.

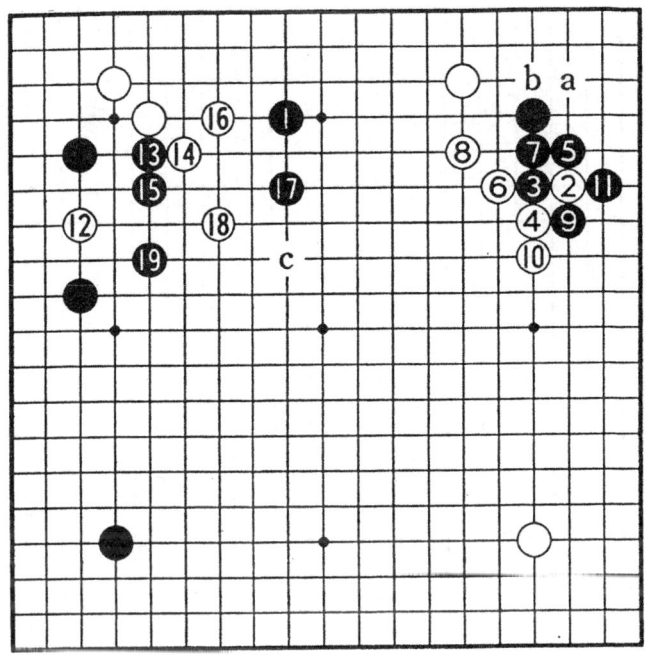

2 도

2 도 (실전례)

1 도에 이어서 바로 혹 1 로 뛰어든 예를 들어 보자. 이 것은 제 7 기 명인전 리그에서 武宮正樹 9 단(백)과 坂田 榮男 9 단이 대국했던 바둑이다.

백 2 에서 a로 들어가면 혹b로 막아 상변에 혹모양이 만 들어진다.

백은 그것을 피하여 2 에서 양걸침을 하였다.

혹 3 · 5 의 붙여누름 정석에서 혹11 까지로 일단락.

백은 12 의 뛰어들기에서 보아도 상변 혹 1 로의 공격을

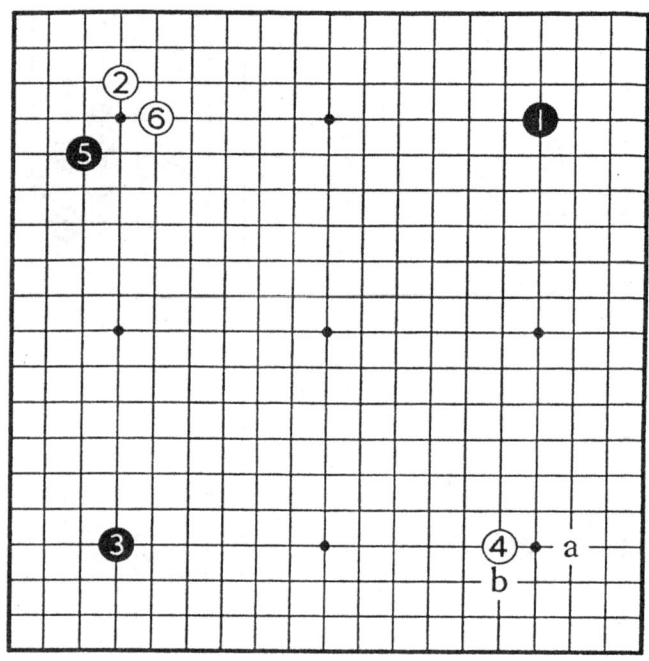

3 도

보고 있다.

이후 백c로 두어 흑으로의 공격 개시이다.

3도(귀의 차이)

본도와 같이 백4가 고목(高目)이나 a의 소목 등에 두어 있으면 포석도 상당히 달라진다.

백6의 마늘모에 대해 흑은 상방을 일단 방치하고 a의 걸침(백4가 a의 소목에 있으면 흑4 또는 b의 걸침)에 선착하게 될 것이다.

그럼 이 백4의 고목의 경우의 일례를 들어보자.

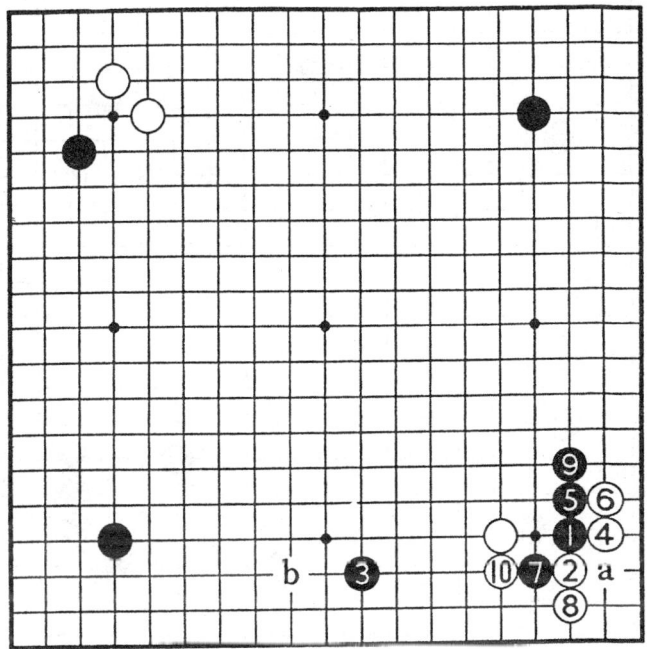

4 도

4 도(실전례)

우하귀의 백이 고목이면 흑1로 들어가는 것이 보통.

백2의 붙임에 흑3으로 협공하여 갔는데, 여기서 흑a로 응하고, 백7, 흑6의 걸쳐잇기, 백3으로 두는 정석에 따를 수도 있다. 그 때는 흑b의 메움이 호점이 된다.

흑3은 그것으로는 불충분하다고 보았을 것이다. 손을 빼면 백4의 젖힘 이하 10까지는 정석이다.

계속해서 다음——

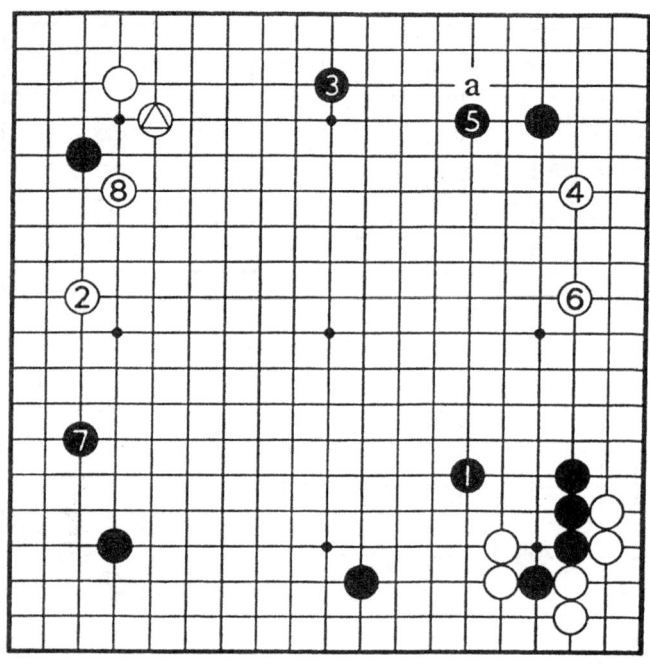

5 도

5 도 (백의 협공)

흑 1 로 두 칸에 뛰어 보강하였다.

여기에 대해 백 2 의 협공으로 끌고 갔다.

◎ 의 마늘모를 살리려면 이 2 의 협공, 8 의 걸침이 표
적이다. 혹이 방치하고 있으므로 당연히 얼마간의 수를 두
지 않으면 안된다.

우측에서의 백 4 로부터의 걸침을 의식하여 2 로 협공한
것 (백 a 의 걸침이라면 백 8 의 걸침 쪽이 좋은 경우가 있
다).

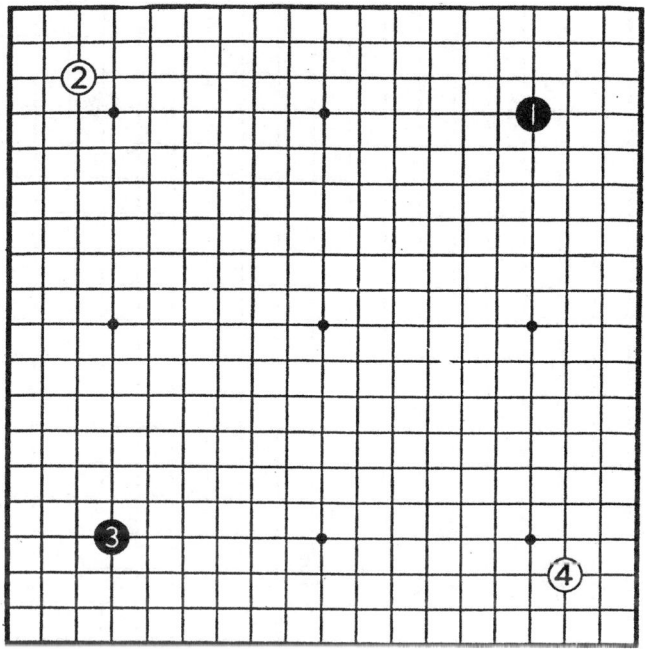

제 4 형

○제 4 형

드문 것은 멜빵 화점에 백이 멜빵 3 · 3 으로 대항하는 포석이다.

어쨌든 혹은 화점, 백은 3 · 3 으로 소목이 하나도 없으므로 걸침이나 굳힘은 없다.

그러한 경우에 어디서부터 두기 시작하여 어떤 식으로 진행시킬까, 실전에 임하여 당황하지 않도록 배워두라.

혹 1 · 3 이 멜빵 화점.

백 2 · 4 가 멜빵 3 · 3.

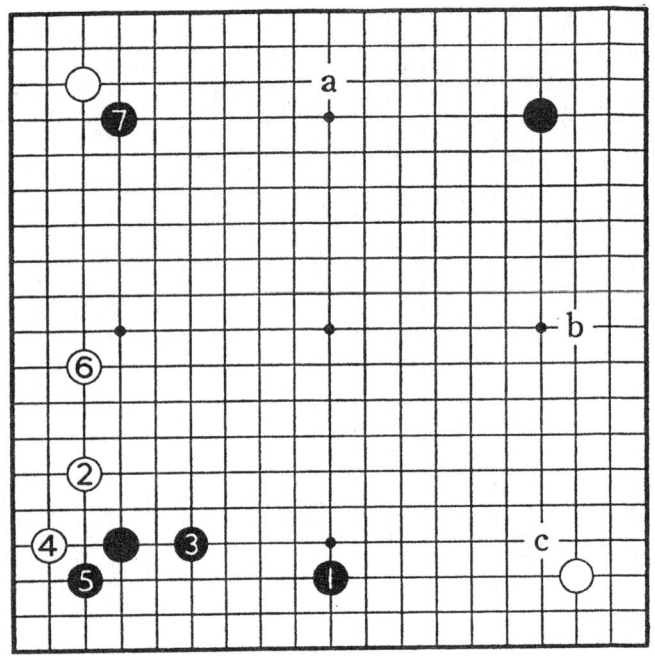

1도

1도(기본)

흑부터 두는 경우에 가장 정통적인 방법은 흑 1 로 화점
과 3·3의 중간의 큰 곳을 차지하는 것이다. 물론 그것
이 a이든 b이든 대칭이므로 똑같은 의미이다.

그 외에 생각할 수 있는 것은 흑 1 에서 갑자기 7 이나
c로 어깨를 붙이고 거기에서 모양을 결정, 앞으로의 흑의
태도를 결정하는 방법일 것이다.

흑 1 에서 백 2 이하 6 까지가 보통의 착상. 거기서 흑 7
로 가 본다.

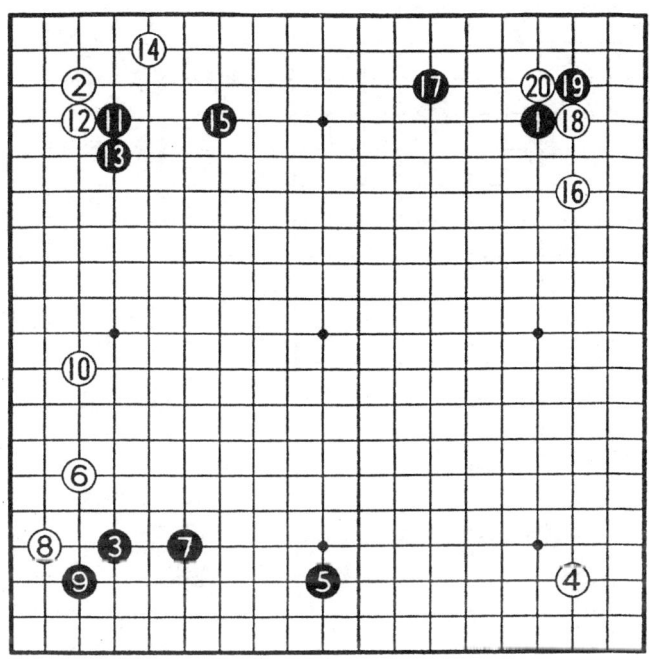

2 도

2 도 (실전례)

흑 11 까지는 기본 (1 도)에서 나타낸 순서와 똑같다.

백 12 는 '좁은 쪽으로 밀라'는 원칙에 따른 것.

백 18 · 20 으로 잘못 끊은 것은 드문 취향이다.

3 도 (일단락)

우하귀 흑 9 에 백 12 라면 보통인데, 흑 10 으로 벌려 백

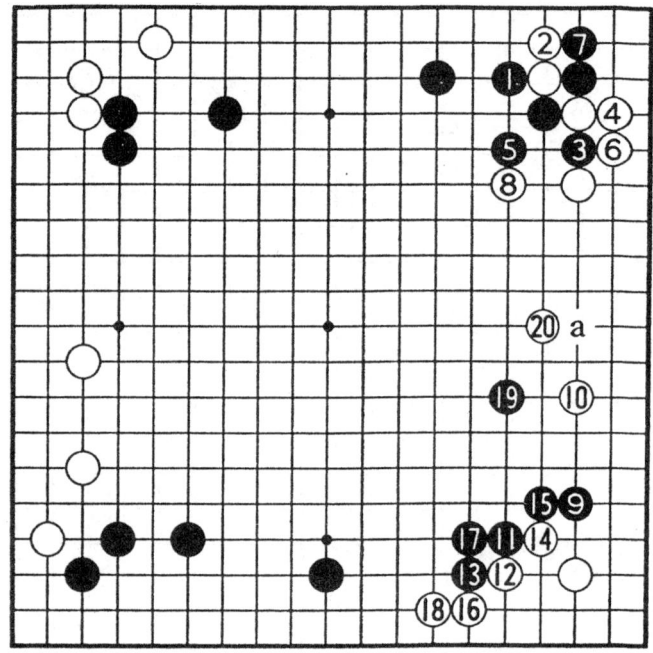

3도

a로 메우는 것이 상방의 세력에서 너무 좁으므로 좋지 않다고 본 협공이다.

백 10으로 협공해 슬슬 중반전에 들어간다.

◇ 학습의 포인트 6

(1) 상대의 소목에 걸치고, 상대가 협공하면 백을 뒤로 협공해 되돌아가는 것이 멜빵 화점의 상법.

(2) 소목이 없는 포석에서는 큰 곳부터 둔다.

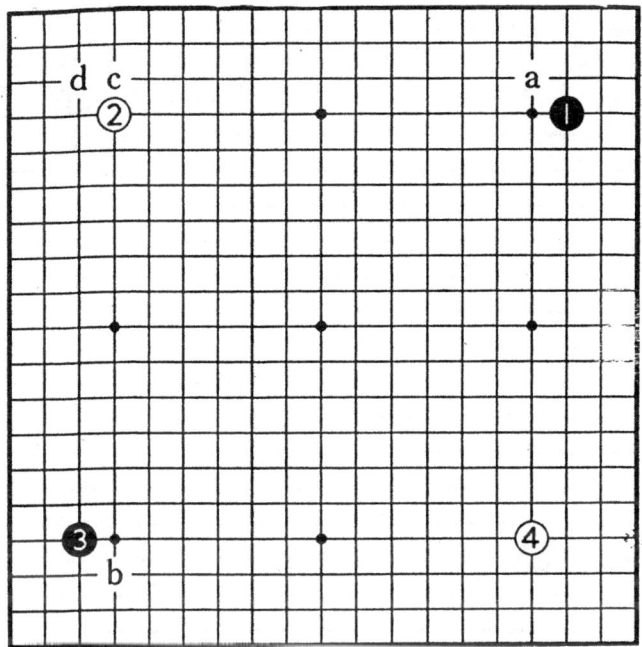

제 1 형

2. 멜빵 소목

멜빵 화점에 대해 각각의 귀를 소목으로 두는 것이 '멜빵 소목'이다.

즉 우상귀를 소목으로 두면 비스듬한 좌하귀를 소목으로 두는 포석이다.

멜빵 소목의 경우, 그 소목의 위치에 따라 두가지 형이 있다.

○제 1 형

우선 생각할 수 있는 것이 혹 1 · 3의 배치. 또 혹 우상

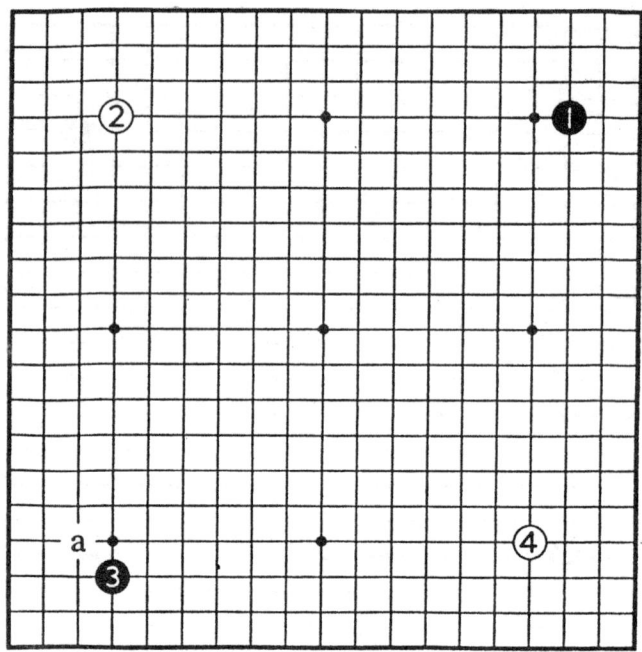

1 도

귀를 흑a로 두고 좌하귀를 b로 둔 경우도 대칭이므로 동형이라 볼 수 있다.

여기서는 백2 · 4가 멜빵 화점으로 되어 있으나, 백이 c의 소목, 혹은 d의 3 · 3에 있어도 흑의 멜빵 소목임에는 변함이 없다.

1 도(별형)

흑3의 위치가 a가 아니라 이들 소목을 차지한 경우는 별형이 되는데, 역시 멜빵 소목이다. 단 걸치는 방법, 큰 곳 등에 차이가 생긴다.

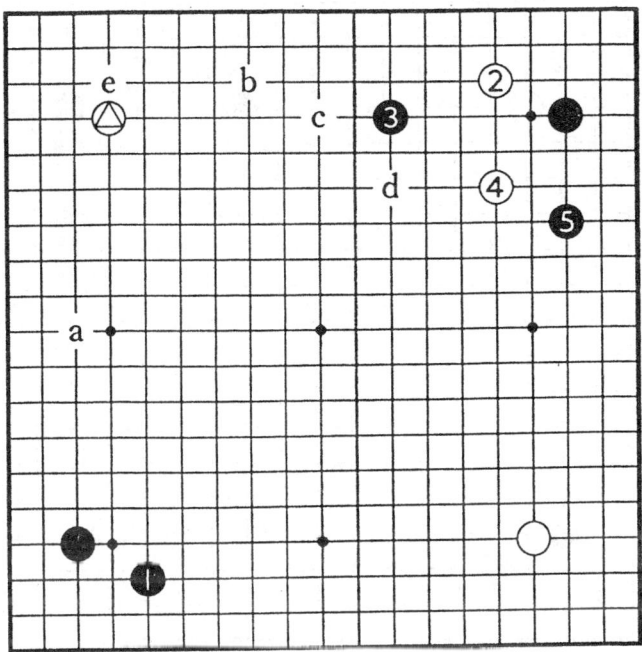

2 도

2 도 (한쪽을 굳힌다)

제 1 형에 이어서 흑 차례. 우선 1 로 한 귀를 굳히는 수를 생각할 수 있다.

좌상귀와 우하귀를 차지하고 있는 백은 화점이므로 특별히 굳힘은 생각할 수 없다. 그렇다고 하면 다음에 주목되는 것은 우상귀로의 걸침이다. 2 가 그것이다.

2 는 한길상의 한 칸 높은 걸침도 성립한다.

백 2 에 대해 흑 3 으로 두 칸에 굳히고, 이하 흑 5 가 되는 정석은 하나의 상정(想定)에 지나지 않으나, 포석은 이렇게 해서 진행되는 것이다.

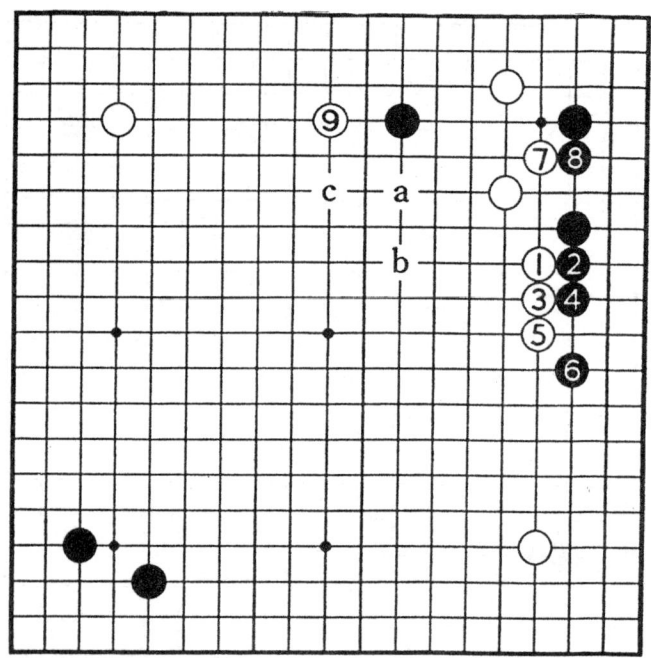

3 도

다음에 백a는 호점이지만 흑b로 벌리면 다소 허술해진
다. 그래서 백c로 협공하고, 흑d로 되는 변화도 생각할
수 있다.

또한 △가 e의 소목에 있으면 계속되는 방법도 또 달
라진다(5도 참조).

3도(실전례)

2도에 이어서 백1 이하 9로 둔 실전예가 있다. 제2
기 명인전에서 林海峯 9단의 도전을 받았던 때의 제1국
이 이것이다.

필자 흑. 다음에 흑a라면 백b, 흑c가 상정(想定)된다.

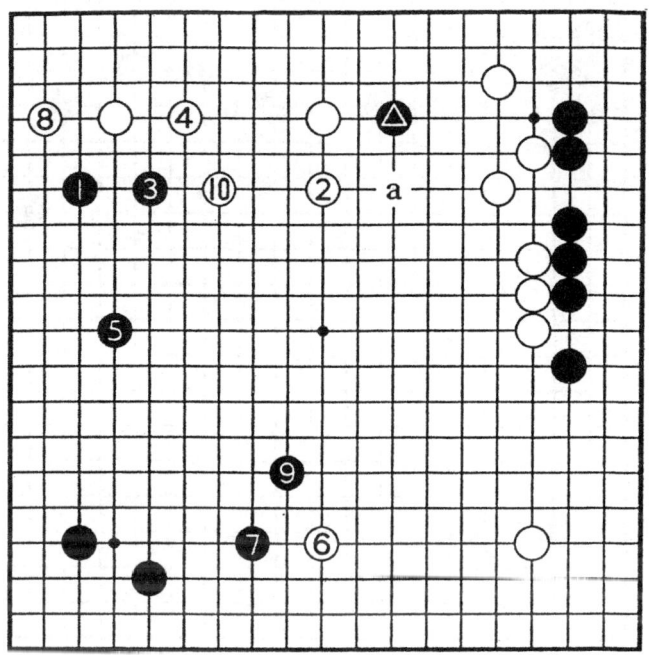

4 도

4 도 (모양으로 대항)

혹은 곧 ●을 움직이기를 그만두고 1부터 끌고 갔다. 어쨌든 혹a로 움직이려는 수로 보고 있다.

백이 이것에 대해 2로 대비하였다. 이렇게 되자 혹은 바로 a로 움직이는 수를 포기하지 않으면 안된다.

혹3 · 5로 준비. 상방은 백에게 모양을 만들게 하고 혹은 좌변에서 좌하귀에 걸쳐 모양을 형성하였다.

이하 백10까지 쌍방 호점을 차지하고 중반전을 맞이하게 된다.

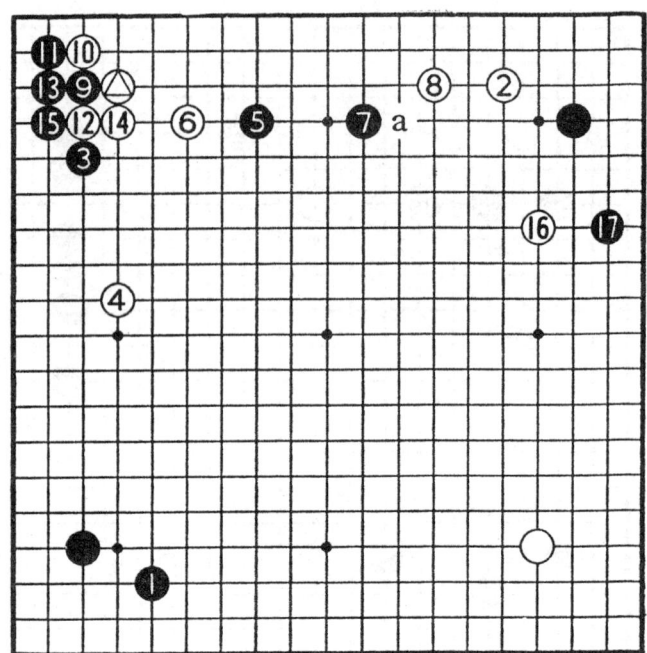

5 도

5 도(백이 소목인 경우)

그럼 좌상귀의 ◎가 소목일 때는 어떤 진행을 생각할 수 있을까.

흑1, 백2는 전례에 똑같다. 여기서 흑은 우상을 방치하고 바로 3으로 걸치는 수를 생각할 수 있다.

물론 이 경우에도 3으로 걸치지 않고 a로 협공하는 것은 가능하다. 그렇게 하면 또 다른 바둑이 될 것이다.

흑3으로 걸친 예는 제7기 명인전에서 조치훈 명인에게 도전했던 제3국(필자 백)에 나왔다. 그 때의 진행이 이 그림이다.

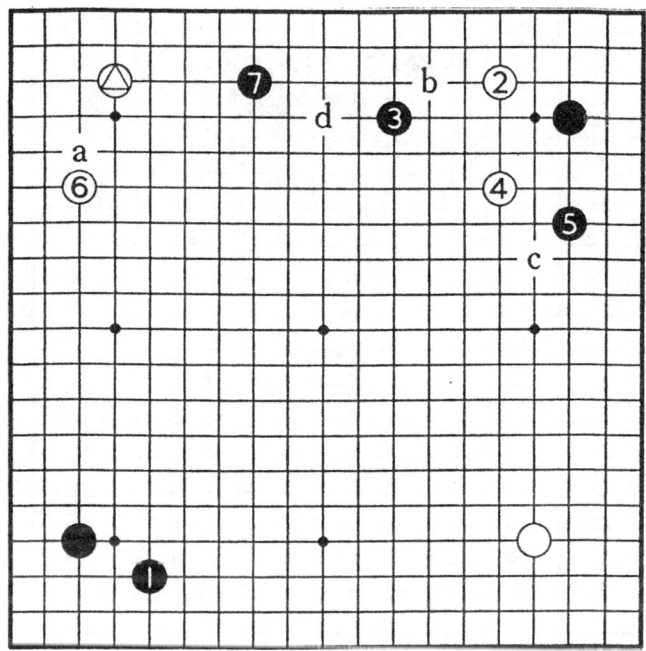

6 도

6 도 (굳힘은 크다)

그럼 ◎가 소목인 경우, 흑3으로 협공해 가면 어떻게 될까.

백4, 흑5는 상정.

여기서 백은 선수를 쥐고 6 혹은 a로 굳힐 것이 예상된다.

그렇다고는 하지만 그렇다면 흑7로 벌려(다음에 흑b가 굉장한 호점) 두지 않을 이유는 없다.

또 좌상귀가 소목이라고 해서 6이나 a의 굳힘이 절대라고는 할 수 없다.

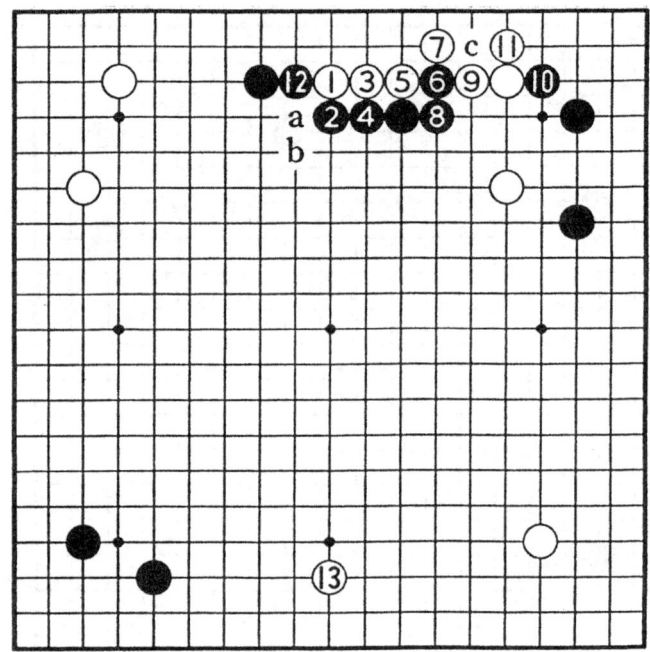

7 도

3도와 같이 c로 걸쳐 가는 수도 있을 것이며, 또 백d
로 협공해 갈 수도 있다.

7도(실전례)

제5기 명인전 제6국에 이 포석이 나타났다.

6도 백b로 두기 전에 느닷없이 백1로 뛰어들어 갔다.

흑2 이하 백6까지 거의 필연.

흑10은 귀로 대비하면서 백a의 젖혀냄을 견제하고 있
다. 백a이면 흑12, 백b일 때 흑c가 강렬. 그래서 백11로
내려갔다.

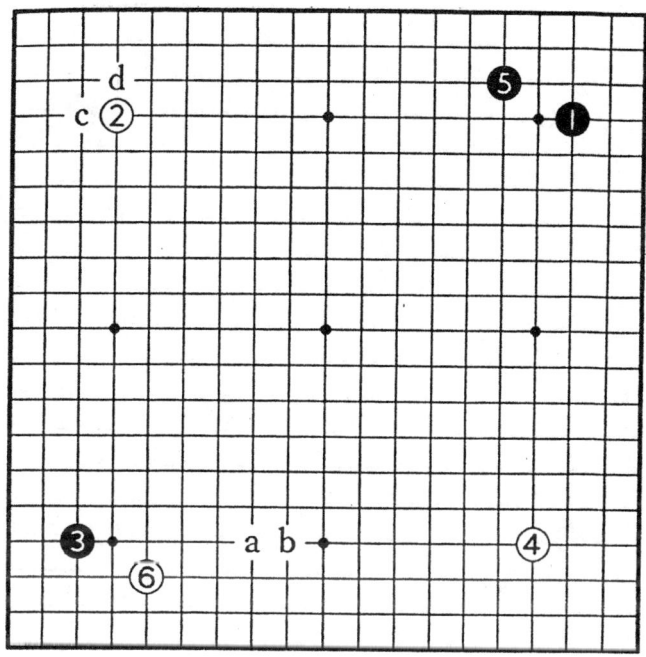

8도

8도(대칭에 대하여)

이제까지는 혹은 좌하귀를 굳혀 왔다.

그러나 그 굳힘은 우상귀였어도 같다. 즉 혹5로 굳히는 것인데, 그렇다면 백은 6으로 걸치게 될 것이다.

계속해서 혹a나 b로 협공하는 진행이 예상된다.

바둑판은 천원(天元)을 중심으로 대칭형이다. 따라서 본 느낌이 상당히 다르지만 이것을 뒤집어 되돌려 보면 똑같은 그림이 된다.

그러므로 우상귀를 굳히든, 또 6도와 같이 좌하귀를 굳

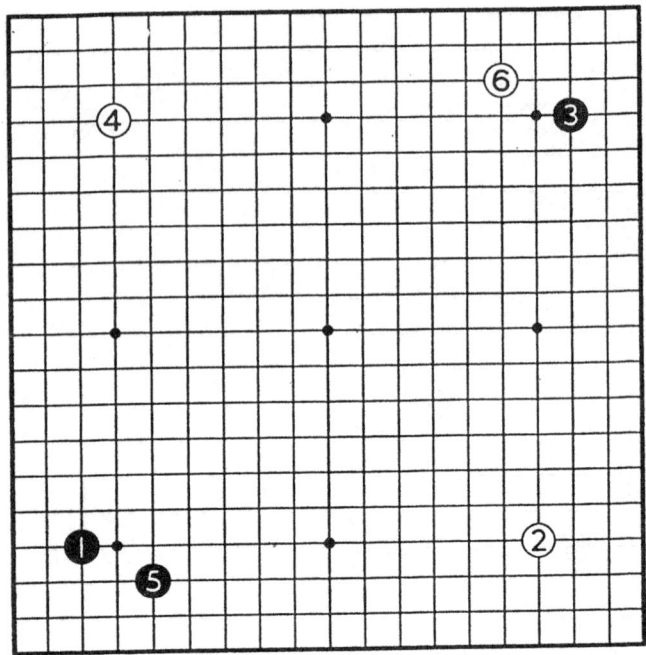

9 도

히든 같은 형으로 취급해도 되는 것이다.

단 백 2가 c나 d의 위치가 되면 이것은 전혀 다른 포석이 되어버린다.

9 도 (같은 형)

그럼 8 도에서 상하를 반대로 뒤집어 보자.

1과 3의 위치는 다르나 거기에 생긴 모양은 8 도를 뒤집어 놓은 것과 똑같다.

이러한 형은 같은 패턴으로서 취급할 수 있다.

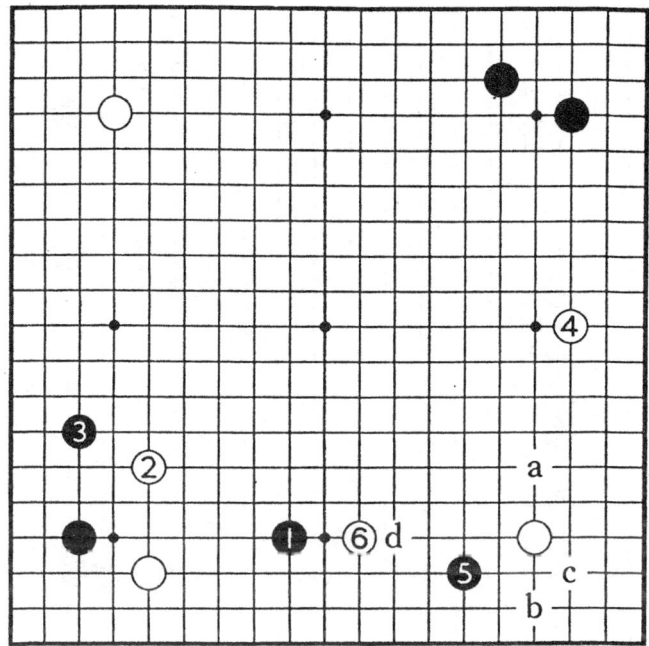

10도

10도(실전례)

　그럼 8도 이후의 진행의 구체 예를 들어 본다.

　이번에는 흑1로 세 칸에 높이 협공해 보자.

　이 세 칸 높은 협공은 최근 현저히 증가하였다. 이 경우
에도 백2의 두 칸 뜀은 간명. 그리고 4의 큰 곳에 선착
한다.

　흑5의 걸침에 백a라면 흑b, 백c, 흑d가 되어 흑의 알
기 쉬운 바둑.

　그것을 피하여 백6으로 뛰어들어 온 것이 제5기 기성
전의 제3국에서 나타났다. 필자(흑)가 藤沢秀行 기성에

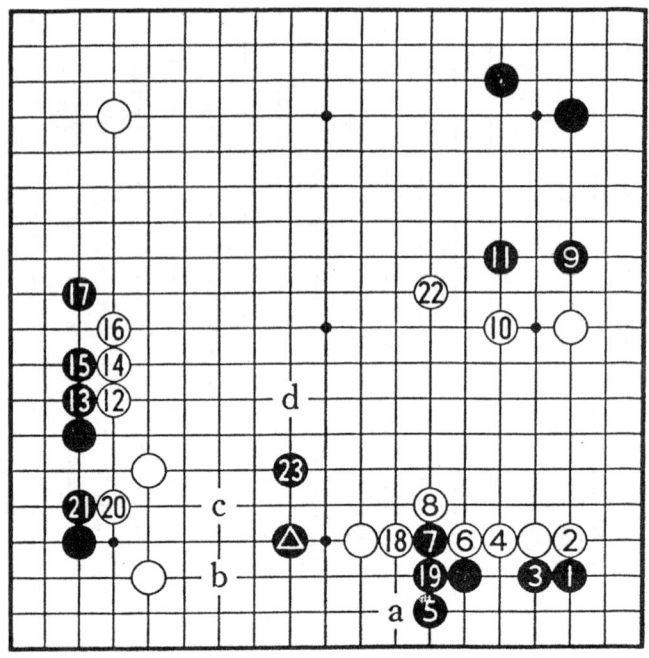

11도

게 도전했던 바둑이었다. 이후의 진행을 다음에 나타내 둔
다.

11도 (백의 큰모양)

혹1로 3·3으로 들어가 수습하는 것이 상법.

백은 2 이하 8로 모양을 만든다.

혹9, 11에 대해 백은 과감하게 12에서 16까지로 압박
하고, 여기에 큰모양을 형성해 왔다.

혹23과 ●를 어떻게 막느냐가 앞으로의 촛점. 계속해
서 백a, 혹b, 백c, 혹d로 변화하여 갔다.

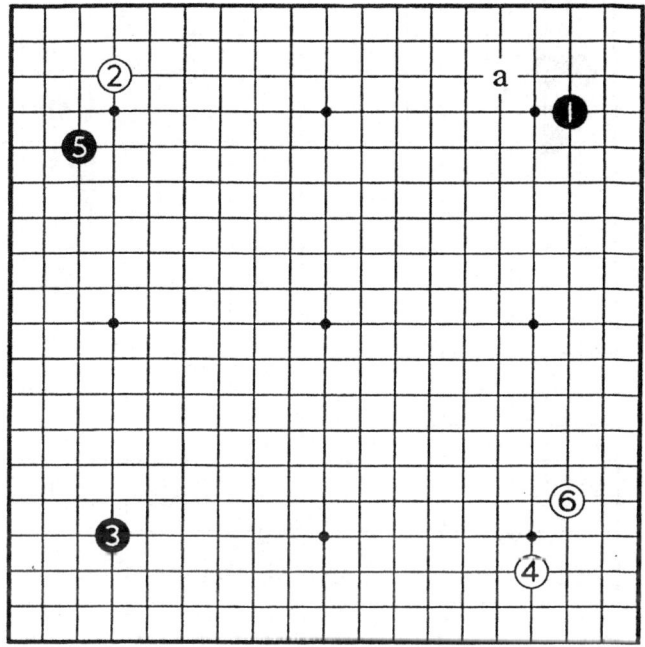

12도

12도(백의 멜빵 소목)

백의 입장에 서면 이 2 · 4가 멜빵 소목이 되어 있다.

거기에 대해 흑1 · 3은 소목과 화점의 혼합형이다. 이 것을 기본으로 생각해 보자.

우선 생각할 수 있는 것이 5의 걸침. 그 5에서는 그 밖에 6으로 걸치는 수도 있을 것이며 또 a로 굳히는 수도 있다.

13도(실전례)

바로 백1로 협공해 온 예가 있다.

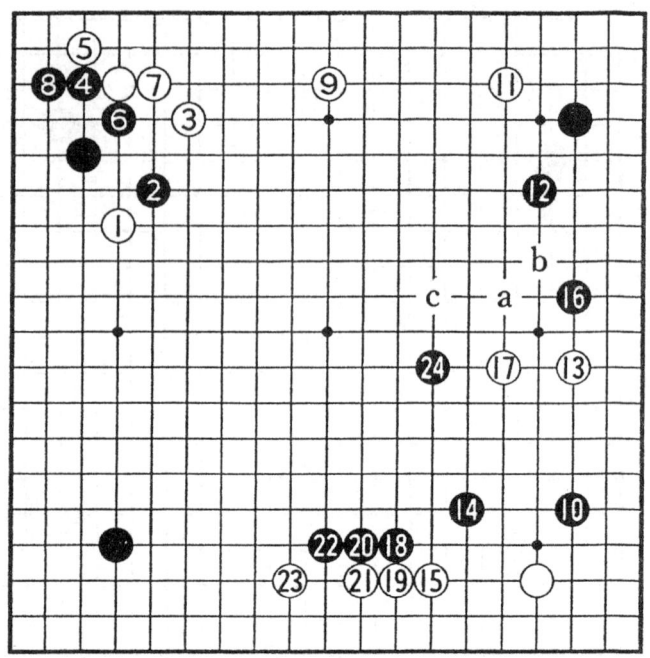

13도

제 7 기 명인전 리그에서 羽根泰正 9 단(백)과 대국했던
바둑이다.

흑은 2 이하 8 까지로 처리하고 백은 9 로 벌렸다. 흑
은 여기서 10 으로 걸쳤으나 우상귀를 흑 11 로 굳힌다면
백에게 10 으로 굳히게 하여 허술한 바둑이 되어 버린다.
그것은 백의 페이스.

흑 10 으로 걸치면 백도 11 로 걸친다. 이하 흑 24 까지로
진행되었다.

이후 백 a, 흑 b, 백 c로 변화하여 격렬한 싸움으로 돌입
하였다.

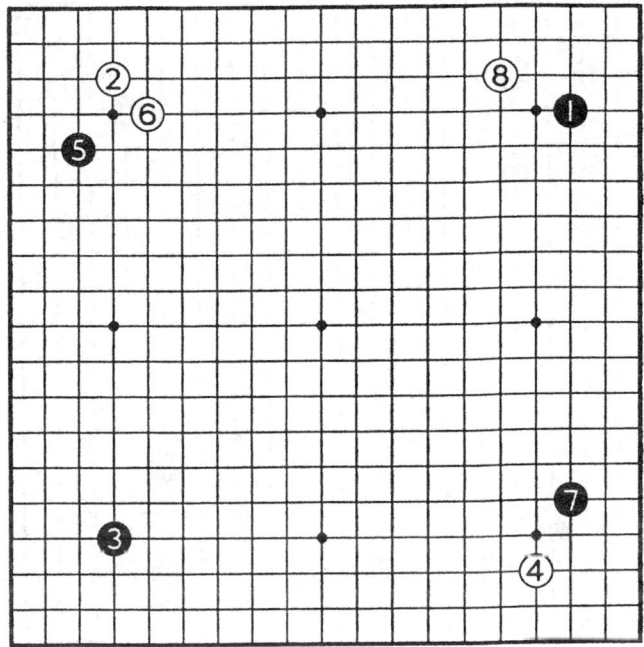

14도

14도 (秀策의 마늘모)

흑 5 의 걸침에 백 6 으로 마늘모를 하고 있는 것도 최근 자주 볼 수 있다.

다음에 흑 8 로 굳히면 백도 7 로 굳혀 허술한 바둑으로 끌고 가려는 생각이다.

흑으로서는 백의 그러한 생각에 반발하여 7 로 걸쳐 가고 싶을 때. 그렇다면 백도 2 · 6 의 마늘모를 뒤로 8 로 걸쳐 간다. 상대가 굳히면 자신도 굳히고, 상대가 걸치면 자신도 걸친다는 호흡을 터득하라.

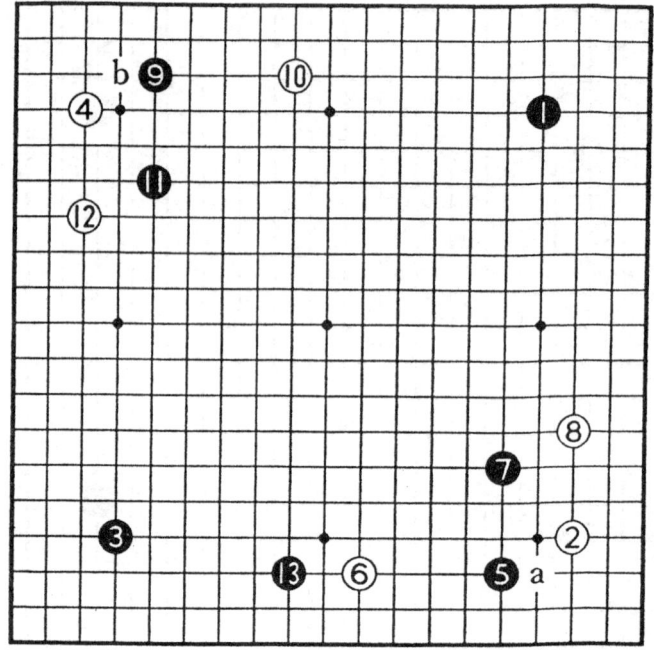

15도

15도 (대칭)

백 2 가 a의 소목의 위치에 있고 또 4 가 b의 위치에 있어도 대칭이므로 포석의 생각은 전혀 변하지 않는다.

흑이 1·3으로 화점이면 맨 먼저 눈이 가는 것이 5의 걸침이나 9의 걸침이다.

흑 5로 걸치고, 백 6 이하 8. 여기서 흑의 선수를 빼앗아 9로 걸쳐간 예가 얼마든지 있다. 백은 8과 12에서 다소의 실리를 확보하고 있다.

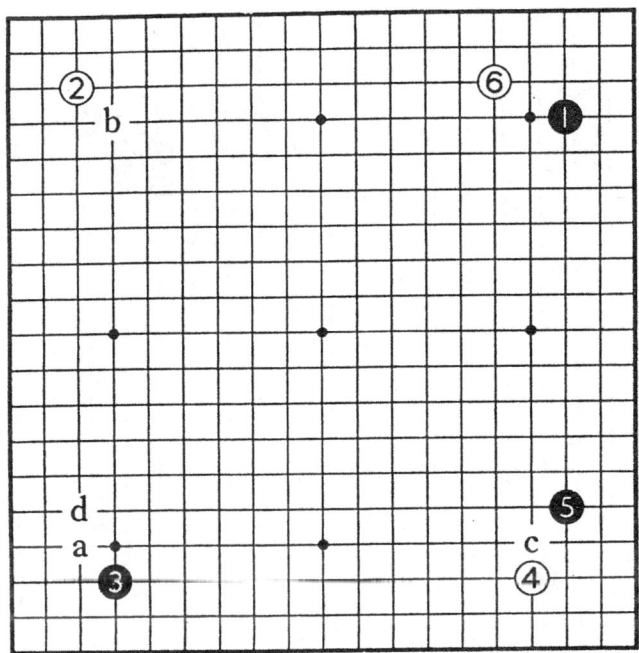

제 2 형

○제 2 형

좌하귀의 소목의 위치가 a에서 3으로 변한다.

물론 백 2 · 4 를 b, c의 화점에 둘 수도 있으며, 또 소목등 다른 점을 차지할 수도 있다.

어쨌든 백 2 를 3 · 3, 4 를 이 소목에 자리잡은 것으로 생각해 본다.

혹 5 의 걸침에서 d로 굳히는 것도 한 방법. 그래도 백 6 으로 걸치게 된다.

남은 귀의 굳힘은 혹 d인데, 그 전에——

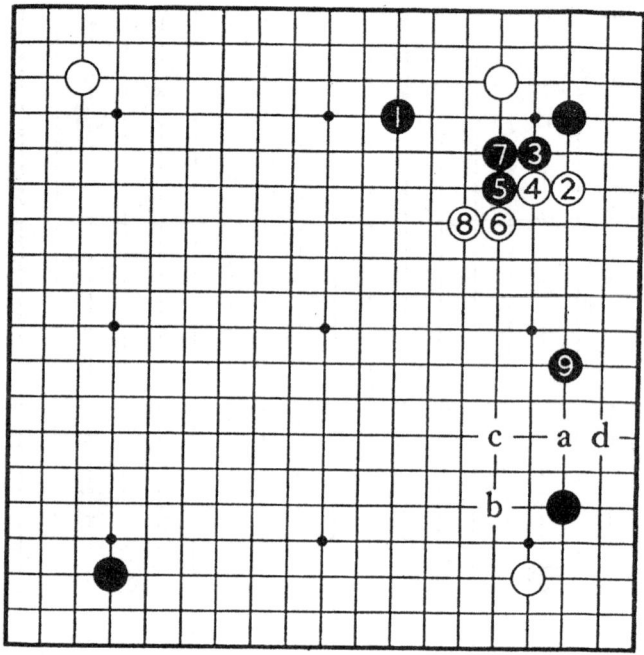

1 도

1 도(실전례)

혹1 등으로 협공하고, 우상에서부터 마무리해 가는 수
법이 자주 사용된다. 1 로 협공해 백의 응수에 따라 우하
든, 좌하든 두는 방법을 정하려는 것이다.

여기에 대해 백2 의 협공으로 끌고 간 바둑이 있다. 제
1기 기성전의 최고기사 결정전 준결승에서 橋本宇太郎
9 단(흑)과 맞섰던 바둑이다. 흑3 이하 9 까지의 진행 이
후, 백a, 흑b, 백c, 흑d로 옮겨졌다.

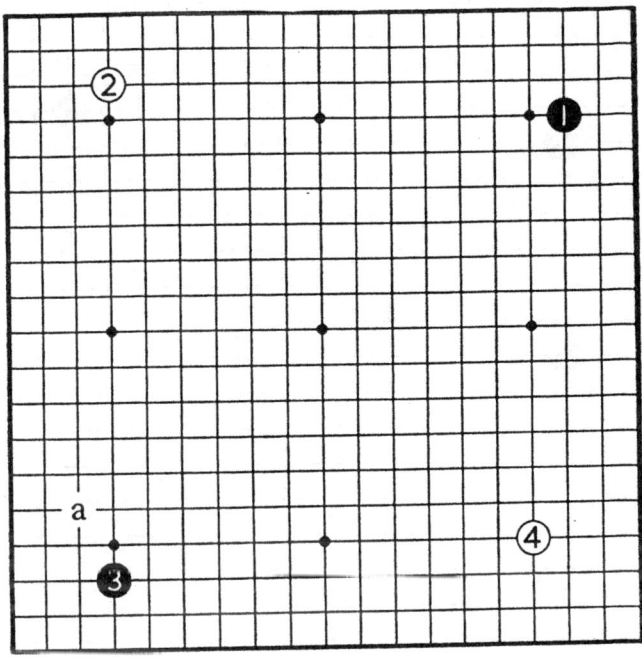

2 도

2 도(싸움소목)

이 형에서 백 2 가 본도의 소목의 위치에 있는 경우, 흑 3 으로 맞소목을 차지하는 것이 아주 재미있는 착상이다.

백 2, 흑 3 은 소위 '싸움소목'이라 불리는 대치관계에 있다.

옛날부터 백 2, 흑 3 의 관계는 먼저 걸치는 쪽이 유리 ──── 하다는 정설이 있었다. 이 설에 따르면 흑 3 의 위치 는 부적격이 되는데, 예를 들면, 흑 3 에 이어서 백a로 걸

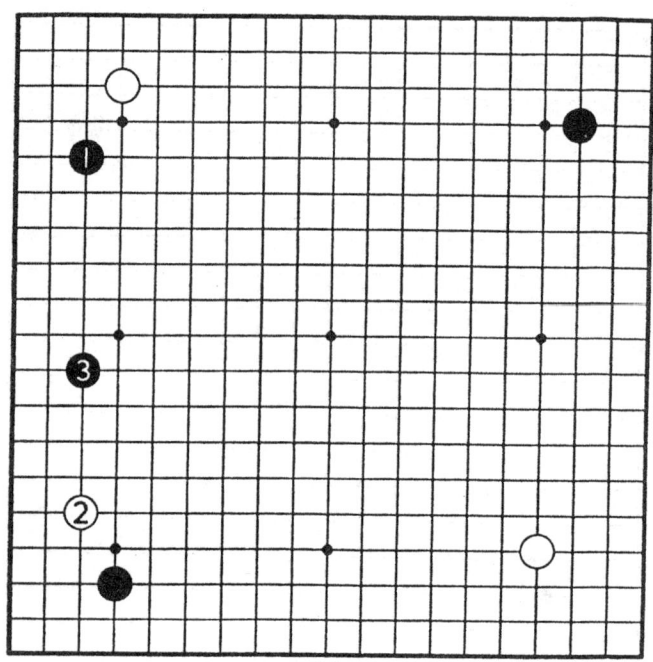

3 도

쳤을 때, 흑은 나머지 한 귀 4의 점을 차지할 수가 있다.

정확히 백a가 되면 좌변의 싸움소목에 관해서는 흑의 불리는 피할 수 없다. 그러나 그 대신 흑4로 두어 세 귀를 차지하게 되므로 나쁘지는 않다——고 생각할 수 있다.

흑3으로 굳이 싸움소목에 맞선 까닭이다.

3 도(일례)

좌변에 관해서는 흑1로 걸치고, 백2에 대해서는 흑3이 협공과 벌림을 겸용하여 절호가 된다.

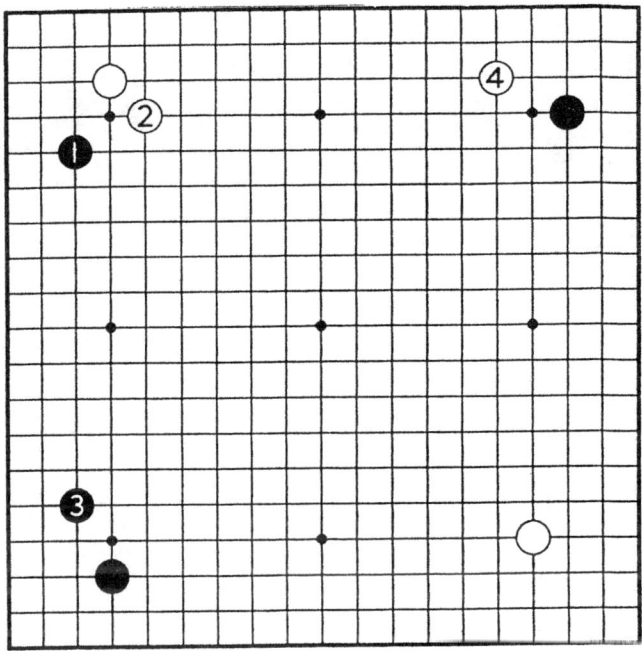

4 도

4 도 (秀策의 마늘모)

3 도를 피하고 흑 1 에 대해 백 2 로 위치를 지키는, 마늘모에서 엿보는 수도 생각할 수 있다.

백이 3 방면으로 걸쳐 오지 않았으므로 당연히 3 으로 굳힌다.

좌변에 관해서는 확실히 흑이 일보 리드했으나, 백은 4로 걸치고, 좌상의 마늘모를 뒤로 상변에서 우위에 서려는 것이다.

또 이 흑 3 에서,

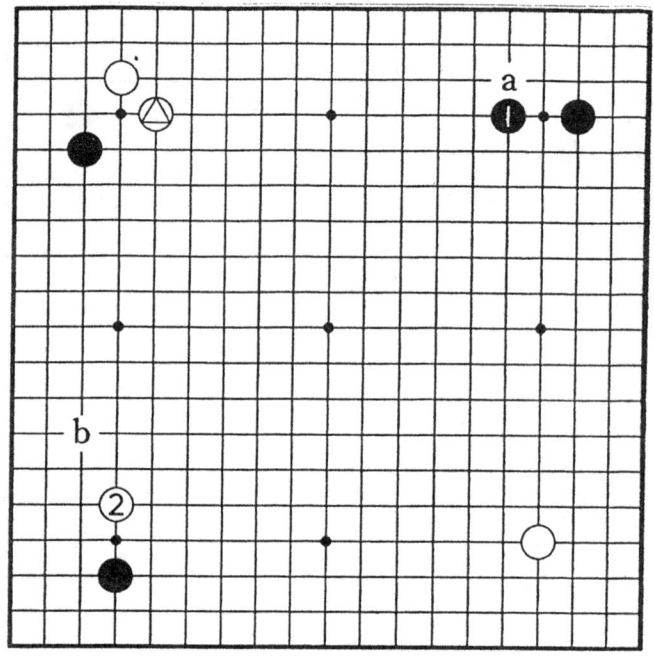

5 도

5 도 (대립)

4 도 백 4 을 피하고 1 (혹은 a)로 굳히면 백 2 로 걸쳐 올 것이 예상된다.

이번에는 혹b로 협공해도 좌상에 ⬡가 머리를 들고 있으므로, 이번에는 혹이 우위에 서기는 어려울 것이다.

이상과 같이 하나의 형의 포석이 일방적으로 잘 되거나 나빠지는 일은 없다. 어딘가에서 득이 있으면 다른 곳에서 손(損)을 보는 것이 바둑의 특징으로 포석은 훨씬 현저하다.

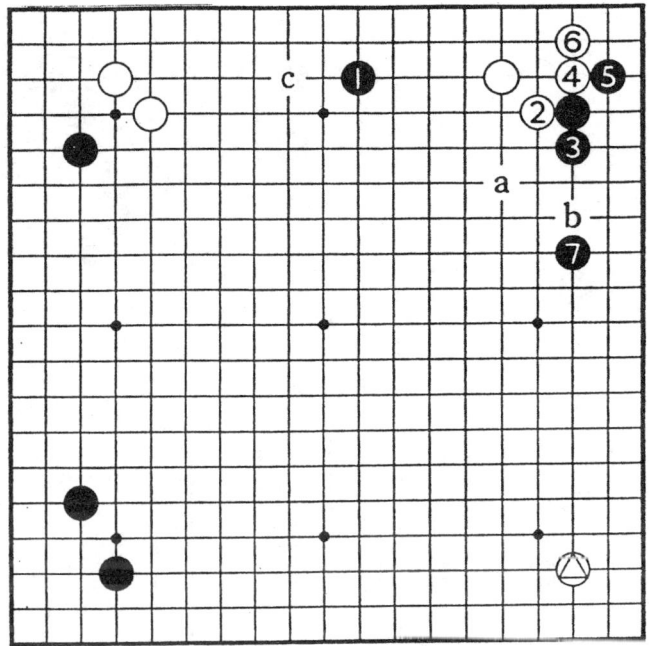

6 도

6 도 (실전례)

우하귀의 ⓐ가 3 · 3인 점이 4 도와 다르다.

흑1로 협공한 실전례. 이 예는 '싸움소목'의 항에서도 거론한다.

백2에서 a로 뛰어 흑b로 교환하고 백c로 협공해 가는 수도 생각할 수 있으나 일단 우상귀를 수습하고 나서 c로 메우려는 생각도 성립한다. 흑7까지 이후——

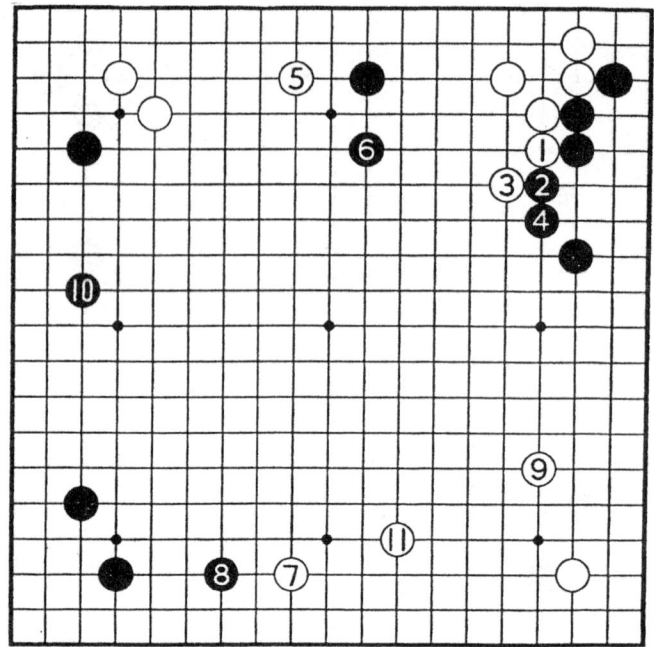

7 도

7 도(백의 대책)

백 1 · 3 을 마무리하고 5 로 협공한다.

백 7 로 큰 곳을 차지하고 하방에 백모양을 형성해 간다. 흑 8 · 10 으로 좌변에 모양을 만들면, 백도 9 · 11. 이것도 멜빵 소목 대책의 한 방법이다.

◇ 학습의 포인트 7

(1) 싸움소목은 서로 마주한 변에서 먼저 둔 쪽이 유리. 흑의 전략으로서 바람직하다.

(2) 백으로서는 한변에서 피해를 최소한으로 줄이는 궁리가 중요.

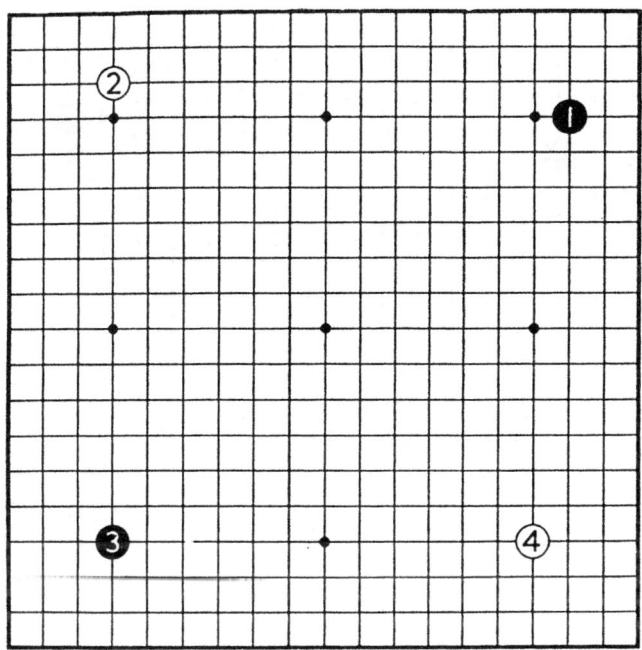

1노

3. 혼합형

같은 멜빵형이라도 한쪽이 소목, 다른쪽이 화점이나 소목에 외목, 소목에 3·3 혹은 화점과 3·3이라는 식으로 달리 두는 방법도 있다.

그 수는 짝을 맞추는 데 따라 상당수에 달한다. 그리고 그것을 하나하나 설명하는 것은 도저히 무리.

따라서 여기서는 특히 가장 많이 사용되고 있는 화점과 소목의 혼합형을 다루어 보기로 한다.

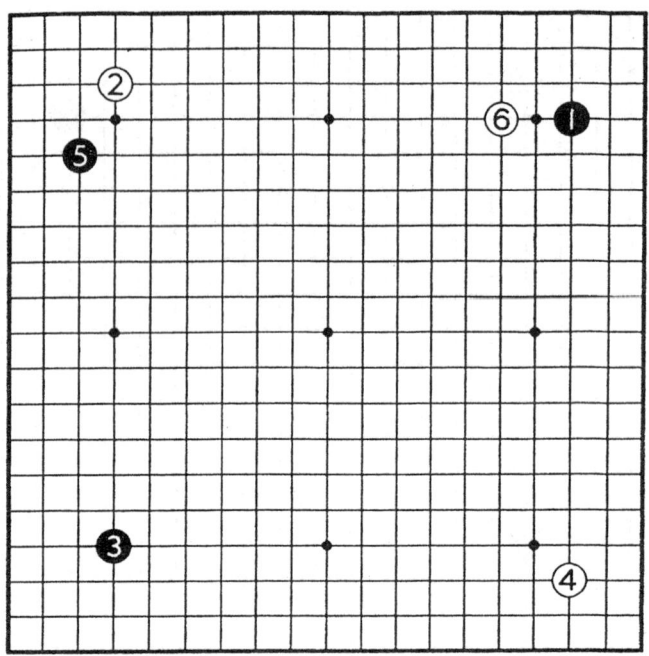

제 1 형

1도(기본형)

이것이 그 대표형이다. 백도 2를 소목, 4를 화점과 같은 스타일로 하였으나, 이 백의 혼합법에 따라서도 또 포석은 크게 달라진다.

○제 1 형

그럼 이 흑 5로 날일자로 걸치고 백은 6으로 한 칸에 걸치는 형을 들어보자.

단 백 4는 이 경우 3·3으로 해 보았다.

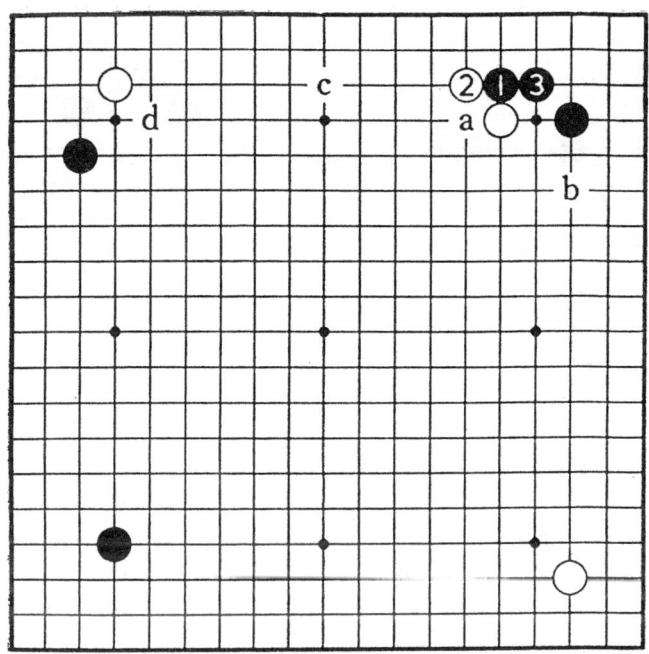

2 도

2 도 (보통의 착상)

우상귀의 소목의 흑에 대해 백이 걸치면, 흑1로 붙이는 수를 우선 떠올릴 것이다.

백2, 흑3이라면 보통. 단 주의를 요하는 것은 여기서 백a로 잇고 흑b에 백c로 벌리는 방법이다. 백c에 대해 흑은 바로 d로 압박할 것이다. 백은 상변에서 중복되므로 좋지 않다.

3 도 (고등전술)

2 도대로 잇기를 보류하고, 본도 백1의 협공으로 끌고

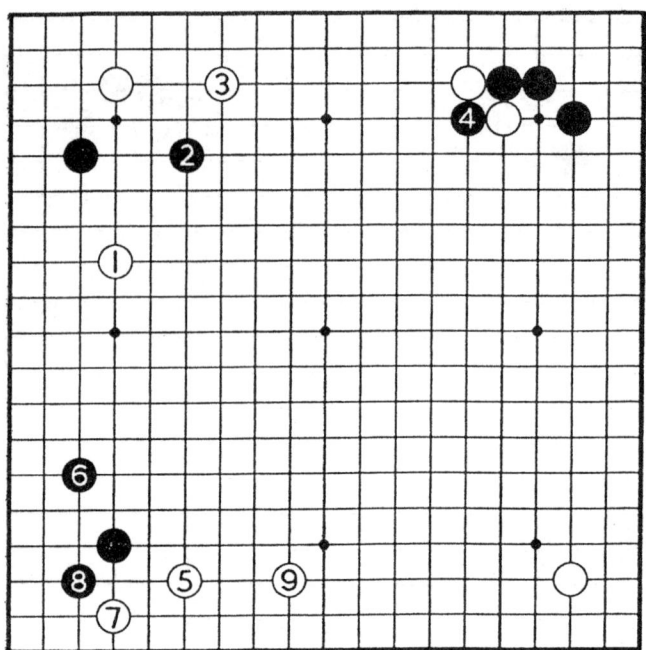

3 도

가는 전법도 성립된다.

흑의 응하는데 따라서 백 4 로 이으려는 것이다. 흑도 2 로 뛰어 4 로 끊는 것이 비결.

이 바둑은 제 3 기 명인전에서 필자가 林海峯 명인(백)에게 도전했던 제 4 국에서 나타난 것이다.

또한 그 후 백은 5 로 돌려 이하 9 까지로 포석은 진행되었다.

본도와 같이 일부러 이을 곳을 잇지 않고, 상대에게 끊게 하여 다른 호점에 선착하는 방법도 있다.

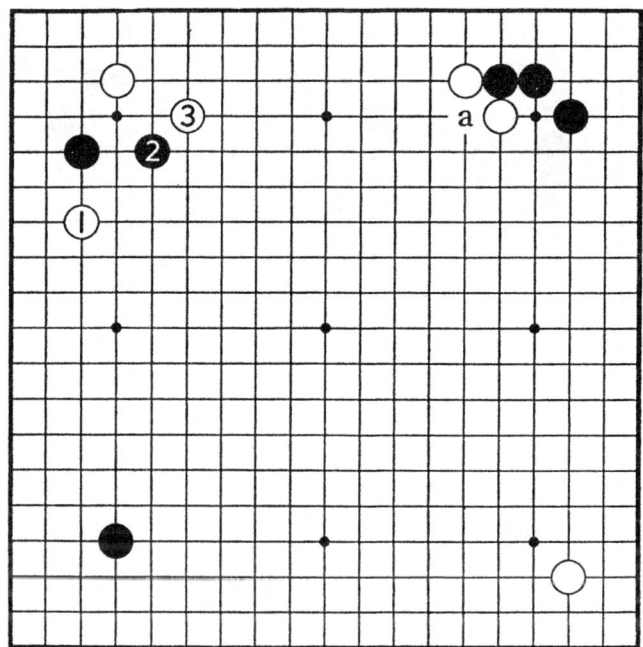

4 도

4 도(참고도)

2 도와 똑같은 포석으로 백은 a로 잇지 않고, 1로 한 칸 협공에서부터 행동을 시작한 예가 있다.

그것은 12기 명인전 제 4 국이었다. 石田芳夫 명인에게 도전한 林海峯 9 단(백)이 3 연패 당하고 이미 막바지에 다다른 그 대국이 이것이었다.

이 대국에서 간신히 목숨을 부지하던 林 9 단이 그 후 계속해서 3 연승 하여 기적의 대역전을 이루었다.

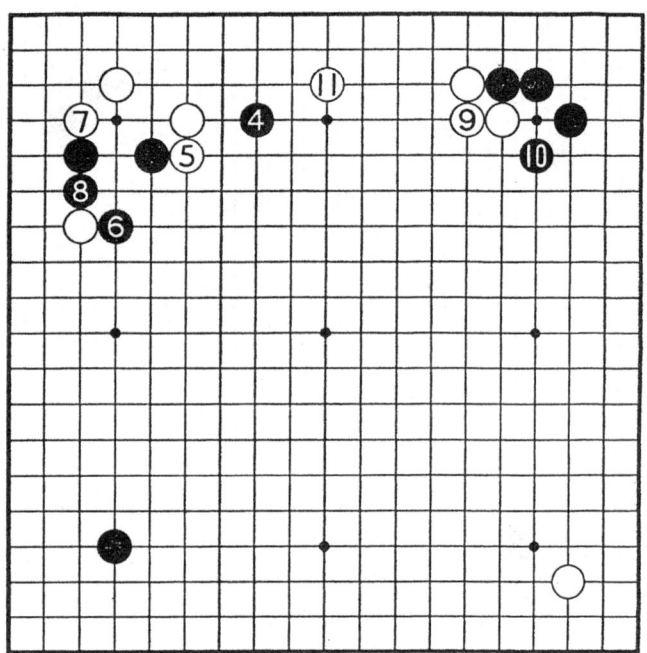

5 도

5 도 (백 쾌조)

　흑 4 로 협공하는 것은 상법으로 되어 있다. 백 5 를 유인
하여 흑 6 으로 붙여 간다.

　백 7 로 귀를 지키고 흑 8 을 노려 9 로 잇고는 백은 수습
된 것 같다.

　요컨대 4 도 백 a로 잇는 수를 보류하고, 백 1 에서 행동
을 일으켜 흑의 응하기에 따라서는 a의 잇기로 돌고, 경우
에 따라서는 흑에게 끊게 하여도 좋다.　고등전술인 것이
다.　그것은 지금부터 4 도 백 a로 잇게 되면 모양을　마무
리 짓기 어려운 경우에 사용된다.

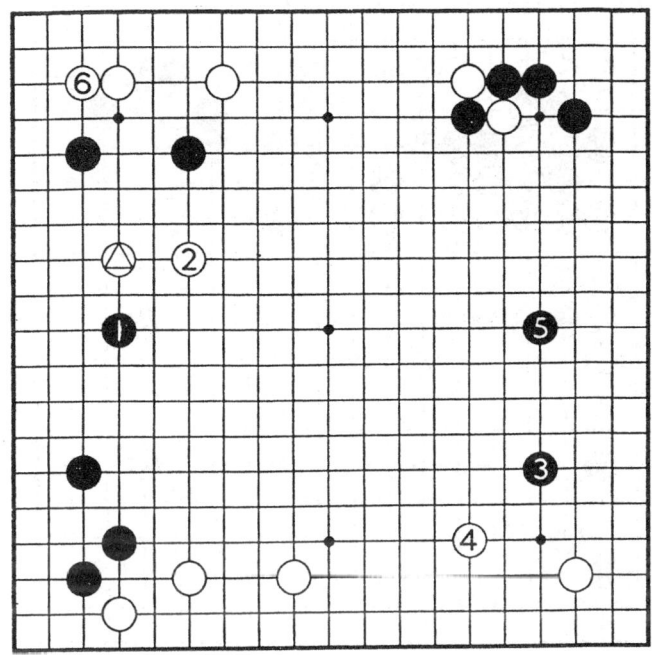

6 도

6 도 (우변에 흑모양)

그럼 3 도에 이어서 흑이 어떻게 두었는가, 또 백의 응하는 방법에 대하여 보기로 한다.

흑 1 의 메움이 호점. 백 2 와 교환한 후 3 의 걸침에 선착하였다.

흑 5 로 준비하면 우변 일대는 상당한 모양이다.

실전에서는 좌상귀를 6 으로 늘어놓고 흑의 두 점을 공격해 왔는데, 흑은 이미 그 버팀에 승부를 걸고 있다.

무엇보다 그 아래의 두 점 (2 와 △)도 아직 약하고, 그

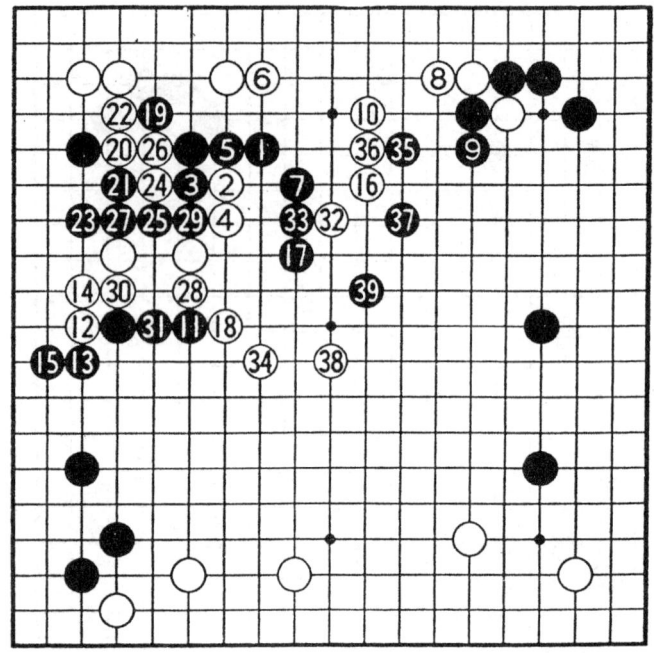

7 도

리 훌륭한 모양은 아니었으므로 흑으로서는 그만큼 불안
은 없다.

7도 (중반전)

6도 이후 어떻게 되었는가 걱정되는 독자를 위해 중반
전의 순서를 나타내 둔다.

수수(手數)가 길기 때문에 눈으로 쫓기는 어렵다고 생
각되니 바둑판에 늘어놓고 보라. 싸우는 방법의 요령이라
고 하는 것을 이해할 수 있을 지도 모른다. 어떻든 흑39
까지로 쌍방이 중앙으로 진출하였다.

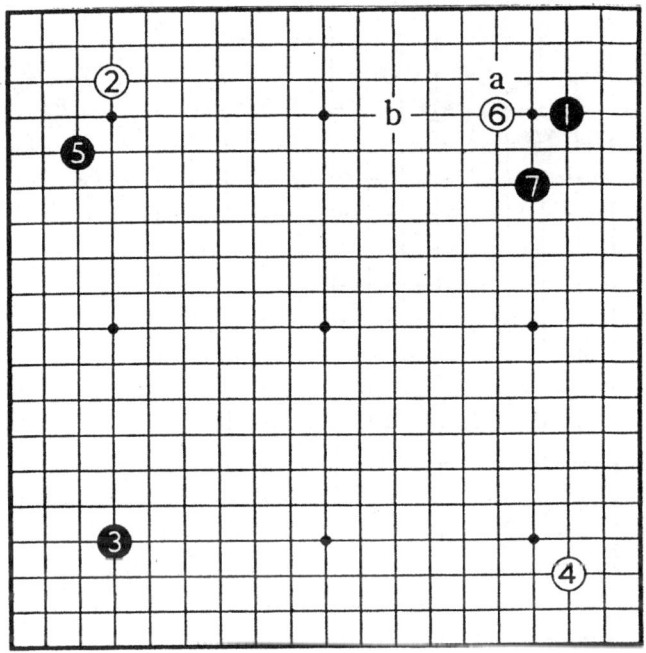

8 도

8 도(받는 정석)

백 6의 한 칸 높은 걸침에 전형에서는 흑a로 붙였으나 흑7로 날일자로 받는 형을 들어 본다.

흑7에 대해 백이 손을 떼면 결국 흑b로 협공해 크게 공격하는 것이 엄한 수법이 된다.

따라서 많은 경우,

9 도(실전례)

백 1·3으로 붙여당겨 모양을 마무리 해 간다.

흑 4까지가 상법.

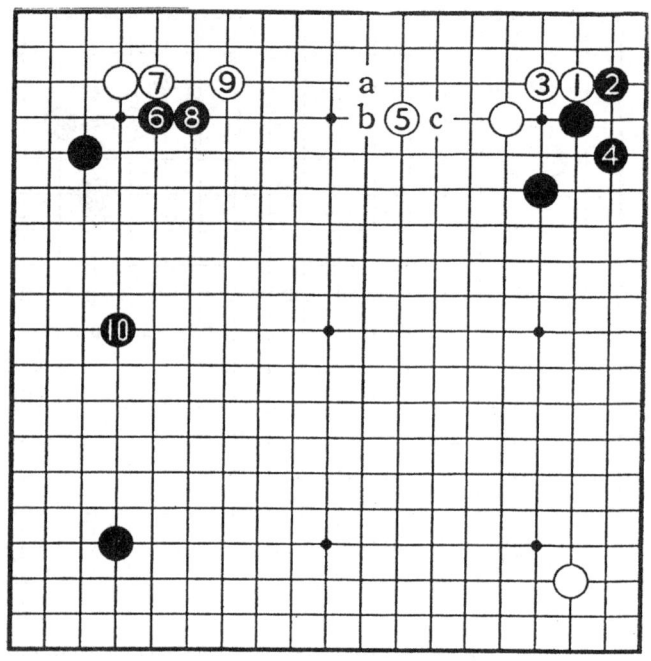

9 도

이 변화는 제 1 기 기성전의 최고기사 결정전, 준준결승에서 林海峯 9 단(백)과의 대국에서 두어 보았다.

그 바둑에서는 林 9 단은 백5 로 준비하였다. 즉 보통 정석에 따르면 그 5 에서 a까지 벌리지만 이 배석(配石)이면 흑6 으로 압박되어 전체의 백의 위치가 낮아진다. 또 백b로 높이 준비하는 것은 흑c의 뛰어들기가 남는다——는 이유로 5 가 보통이다.

그래도 흑은 6 · 8 로 마무리, 10으로 모양을 펼쳤다. 상변을 백에게 주어도 좋다는 판단에서이다.

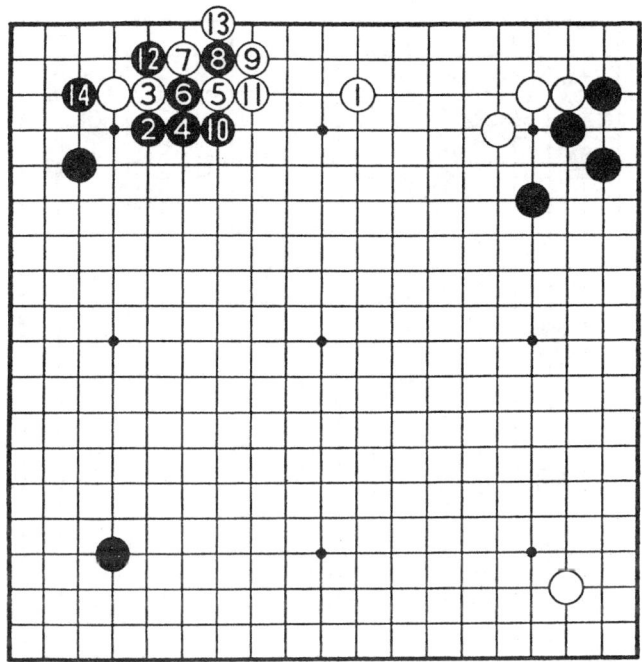

10도

10도(백은 고리모양)

그럼 먼저 이야기한 9도 백5에서 본도 1까지 벌리는 상법에 따르면 어떻게 될지 나타내 둔다.

흑2·4. 거기서 백5로 뛰는 것이 정석인데, 흑은 즉각 6·8로 나가 백9를 유인한다. 그 후 흑10에서 12까지를 선수로 마무리할 수 있다.

보면 알겠지만 백돌은 상변에서 고리모양이 되고 또 백 1이 9·11의 세력에 가까이 중복되어 있다. 백은 좋은 곳이 없다.

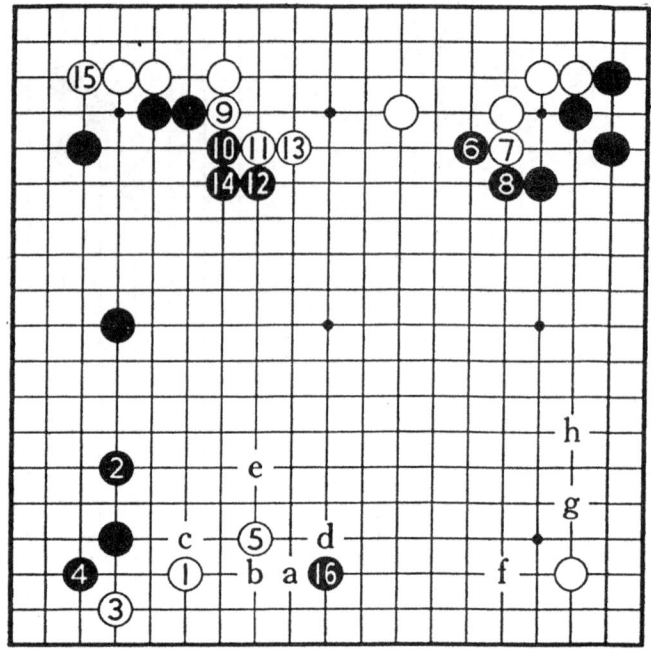

11도

11도(실전의 진행)

그럼 실전에서 9도 이후 어떻게 진행되었는지 그 경과를 살펴보자.

여러모로 백1이 큰 곳. 2 이하 4일때 백5가 궁리된 수였다. 즉 5에서 a로 벌리면 장래 흑5에서 엿보며 백b에 흑c로 모양을 굳혀 가는 수를 볼 수 있다. 5로 높이간 것은 그것을 피하기 위해서이다.

백6 이하 흑16 까지로 계속 나아가고 백a, 흑d, 백e, 흑f, 백g, 흑h로 옮겨졌다.

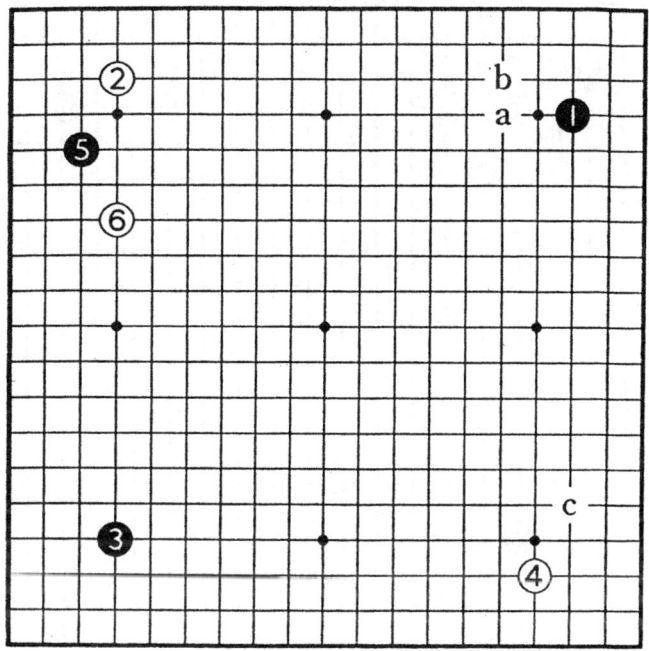

제 2 형

○제 2 형

혹 5 의 걸침까지는 제 1 형과 비슷하다. (제 1 형에서는 백 4 가 3 · 3 을 차지한다.)

이 혹 5 의 걸침에 대해 전형에서는 백 a 로 걸쳐 갔는데, 거기서 바로 백 6 으로 협공해 가는 수법도 성립한다.

이 포석에서는 좌상귀의 절충으로 혹 백이 후수를 끌고 혹 b 로 굳히게 되어도 백도 c 로 굳힐 여지가 남아 있다.

따라서 안심하고 6 으로 협공해 갈 수 있는 것이다.

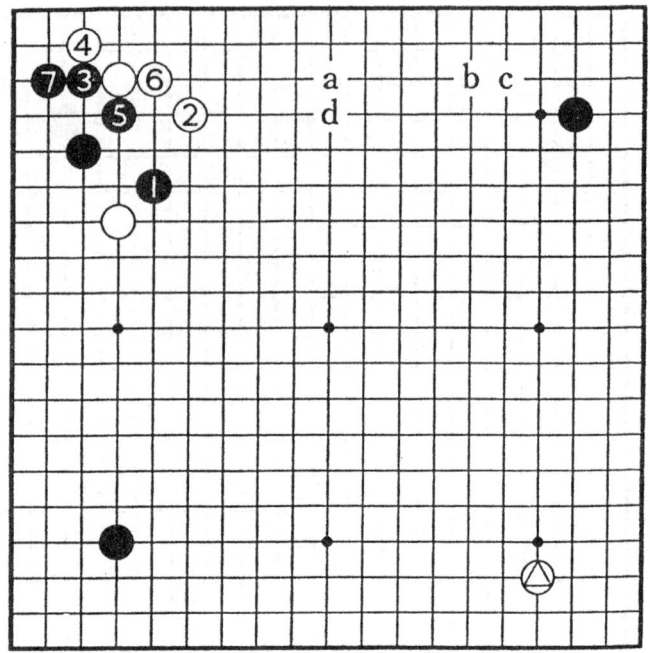

1 도

1 도 (정석)

그런데 제 1 형과 같이 우하귀의 ⬡ 가 3 · 3 에 있는 경우, 흑 1 이하 흑 7 의 정석에 따랐다고 한다.

부분적으로는 백 a 로 벌려 각별히 어떻다는 것은 없으나, 흑에게 b 로 굳히게 되어 괴롭다. 그렇다고 해서 흑 7 에 이어 백 c 로 걸치면 흑 d 의 뛰어들기가 눈에 보인다.

우상귀를 흑에게 굳히게 하여도 두지 못할 것은 없으나 흑의 알기 쉬운 바둑이 되는 것이 백은 괴로운 것이다.

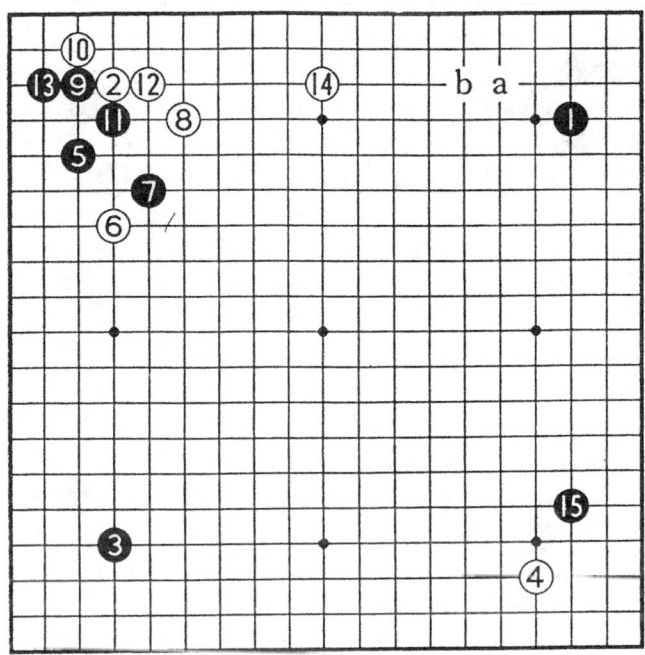

2 도

2 도 (실전례)

그럼 실전【제 7 기 명인전 리그, 대 羽根泰正 9 단】에
서 생긴 백 6 의 협공으로부터의 변화를 들어 둔다.

羽根 9 단은 백 6 으로 한 칸에 높이 협공해 왔다. 흑 7
로 날일자로 응하고 백 8 이하 흑 13 까지가 되었다. 여기
서 백 14 로 벌리고 백a의 걸침과 15 의 굳힘을 대립하게 만
든다. 즉 흑이 b에 굳히면 백도 15 로 굳힌다. 이렇다면 백
14 로 유유히 벌리고 있을 수 있는 이치이다.

필자는 우하귀의 흑 15 의 걸침을 중시하였다.

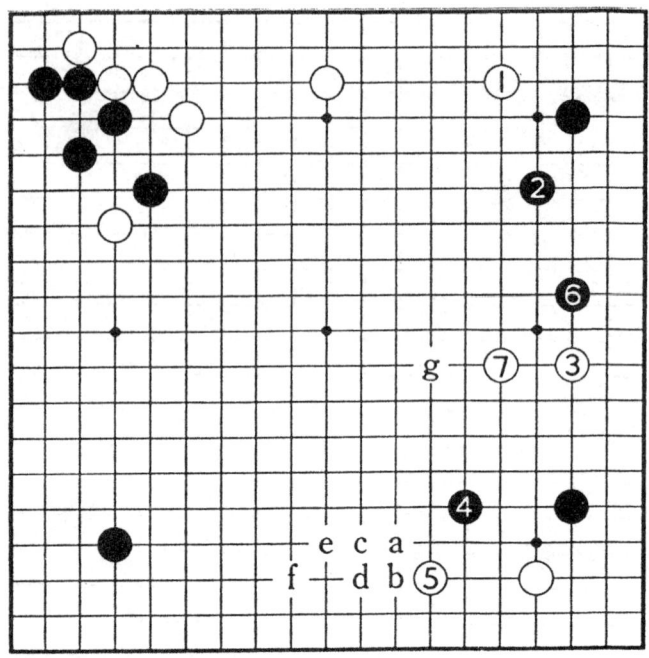

3 도

3 도(진행)

당연히 백 1 로 걸쳐 왔는데 백은 상변에 치우쳐 있기도 하고, 흑 2 로 받아 둘 수 있다고 계산한 것이다.

백 3 의 협공에서 백 7 까지로 진행하였다.

이 바둑은 이 후, 흑a, 백b, 흑c, 백d, 흑e, 백f로 기호순으로 옮겨가고 거기서 흑g의 씌움의 공격으로 향하였다. 백으로서는 괴로운 승부인 것이다.

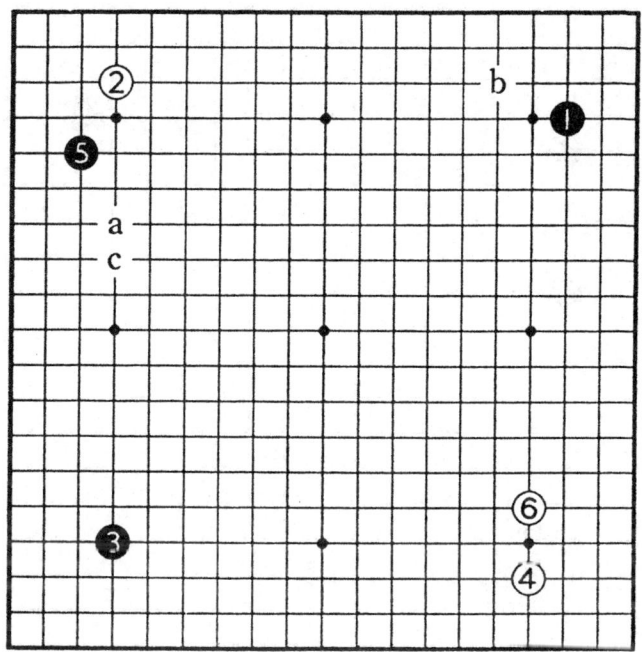

4 도

4 도(굳힘에 선착)

흑 5 까지는 이제까지의 형과 똑같다.

여기서 백 a로 한 칸에 협공해 온 것이 전기(前記) 2 형 (2 도 백 6)이었다.

그 협공을 서두르지 않고 백 6 의 굳힘으로 선행할 수 있기 때문이다. 흑이 b로 굳히면 백 a나 c로 협공해 좌변에서부터 싸움을 일으키게 된다.

5 도(실전례)

4 도 백 6 의 굳힘 후, 본도 흑 1 로 두 칸에 높이 굳힌 예

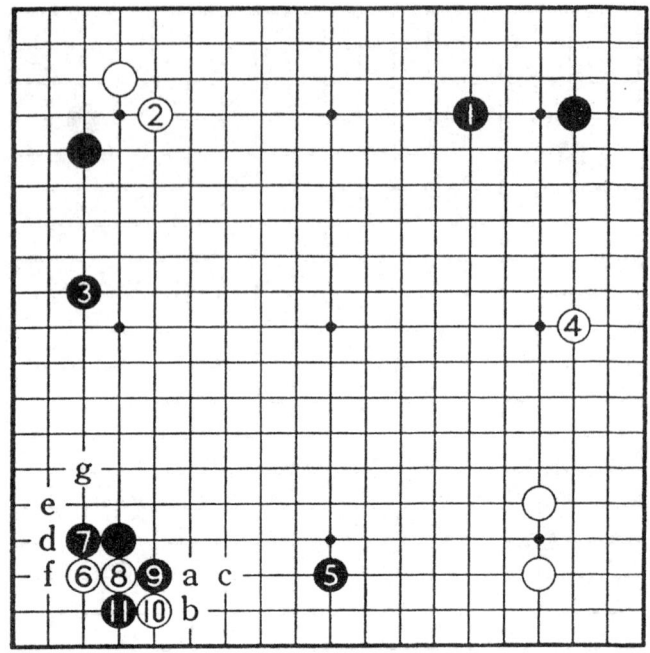

5 도

를 들어 둔다. 흑 1 은 분위기를 살린 수로 나 자신 이 한 수로 생각하였다.

이 바둑은 제 4 기 기성전 최고기사 결정전의 준준결승에서 佐藤昌晴 7 단(백)과 맞섰을 때의 것이다.

백은 마늘모로 왔다. 위치를 높이 유지하고 차분히 두려는 작전.

흑 3, 백 4, 흑 5 는 모두 큰 곳이다. 백 6 의 3 · 3 들어가기에 이하 10 일 때 흑 11 로 변화시켜 보았다. 이 11 에서 a라면 백b, 흑c, 백d, 흑e, 백f, 흑g가 되는데 이것은 백의 주문일 것이다.

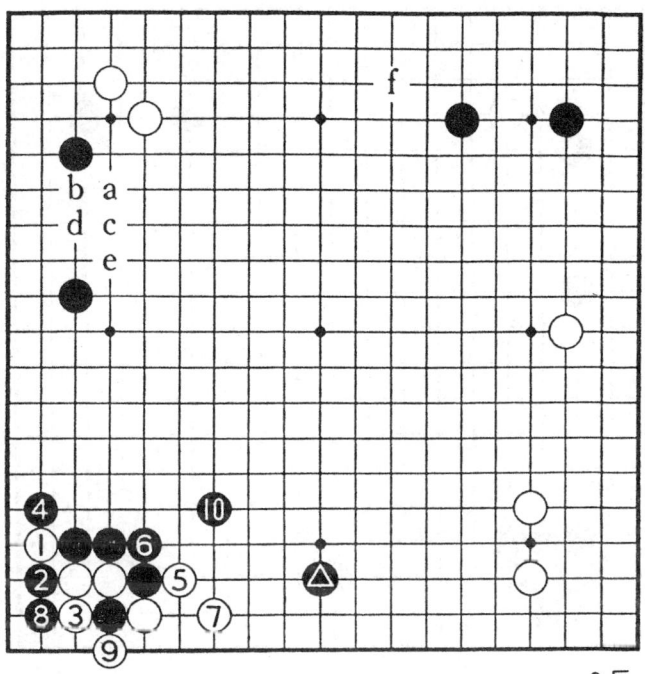

6 도

6 도 (쌍방에 의문수)

전도에 이어서 백 1 로 젖혀 왔으나 필자는 여기서 2 로
끊은 수가 의문으로 결국 백 3 이하 혹 10 까지가 된 것인
데, 혹 10 과 ● 과의 사이가 얇아 좋지 않다.

혹 2 에서는 다음에 따라야 했다.

그런데 이 후 백은 a에서 혹b, 백c, 혹d, 백e로 마무
리지어 온 것이 의문으로 혹에게 좌변에서 상당한 집을 확
정시키게 되었다.

백a에서는 f에 메워 상황을 살피는 것이 좋았을 것 같다.
그럼 그 혹 2 에서 어떻게 두면 좋았을까.

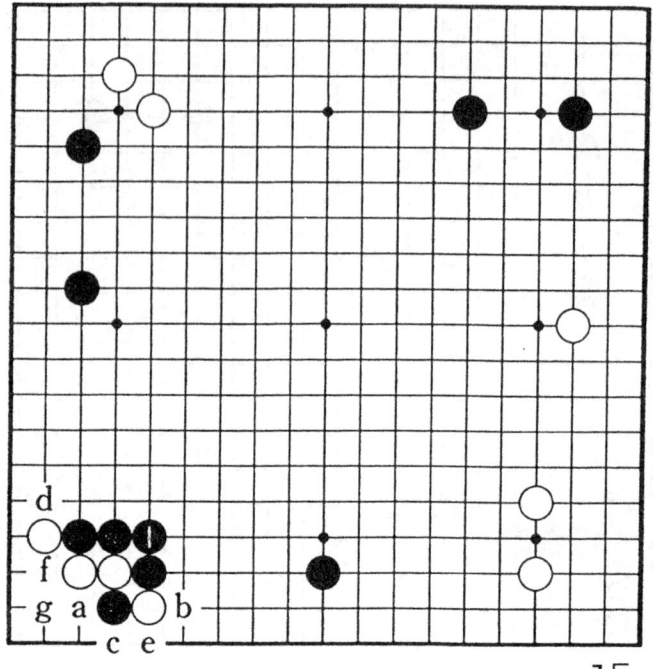

7 도

7도(이을 때)

단지 흑1로 잇고 있는 것이 좋았다.

흑 백a로 감쌀 수 있으면 흑b의 단수를 살릴 수가 있다. 백c의 뺌이라면 흑d의 누름을 둘 수 있다. b와 d의 누름을 두면 만족하다. 또 백a, 흑b에 백d라면 흑e의 뺌이 두터운 수이다.

또 흑1에 백b라면 흑f, 백a, 흑g, 백c, 흑d가 충분.

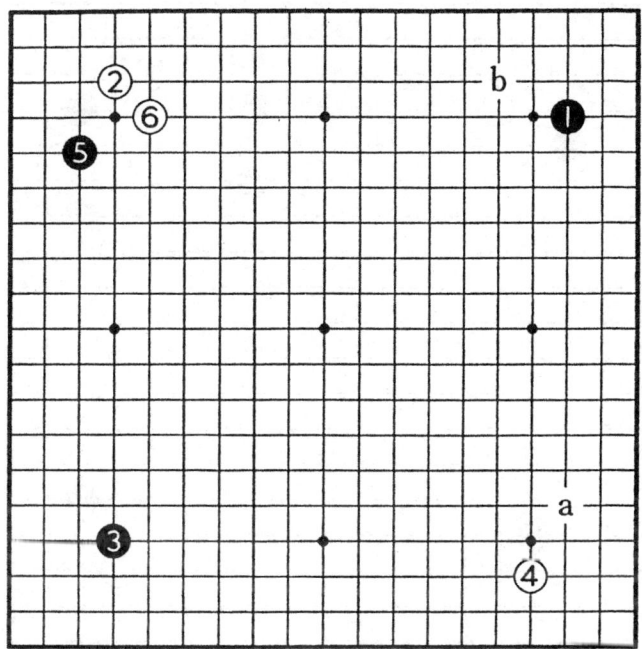

○제 3 형

흑 5의 걸침에 백 6으로 마늘모를 하는 수도 있다.

이것은 역시 위치를 높이 유지하는 것. 그리고 느긋한 페이스로 나아가서 완벽한 바둑으로 끌고 가는 것이 목표.

거기에 우상의 흑도, 우하의 백도 소목에 있으므로 굳힘과 걸침이 대립하게 된다.

예를 들면 흑 a로 걸치면 백에서 b로 걸치는 수가 남으며, 또 흑 b로 굳히면 백도 a로 굳힌다.

흑으로서는 그렇게 느긋하게 있을 수는 없다. 그래서 걸침에 선착하게 된다.

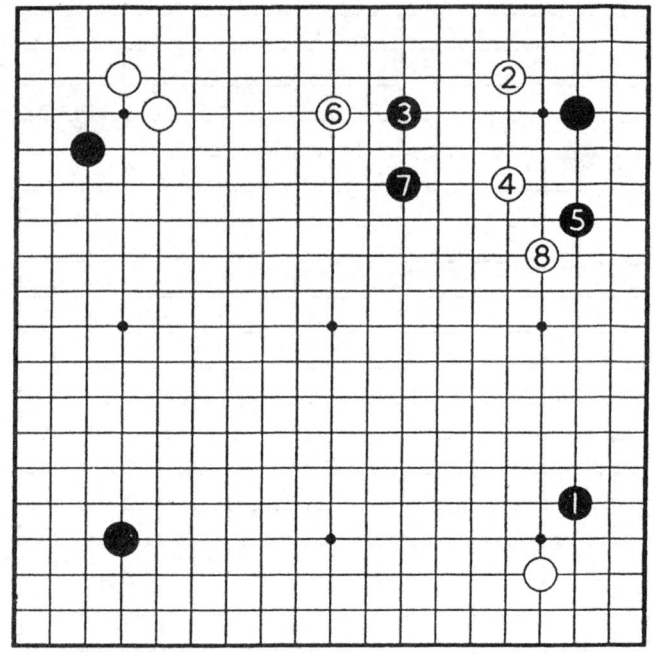

1 도

1 도 (상정도)

흑 1 로 걸친다.

그러면 백은 2 로 걸칠 것이다. 이것이 제 3 형 백 6 으로 마늘모했을 때부터의 상정도였다.

흑이 3·5 로 두면 백 6 으로 협공해 가는 전개가 될 것이다.

여기서 백 8 로 걸쳐가는 실전례가 있다. 다음에 나타낸다.

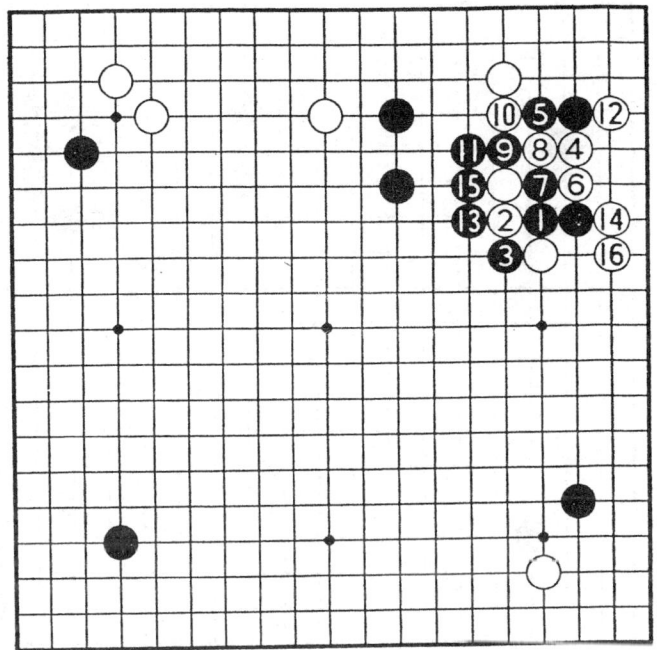

2 도

2 도 (실전례)

흑 1 · 3 으로 다 나왔는데 이것은 제 1 기 명인전에서 石田芳夫 9 단의 도전을 받았을 때의 제 2 국에서 생겼다. 필자 백.

백 4 로 붙여 응수를 살피는 것도 잘 두는 수이다.

흑 5 의 뻗음도 지금까지는 보통이 되어 있다. 이리되면 백 6 으로 몰아붙이고, 이하 백 16 까지는 정석이 되고 있다.

3 도 (별법)

흑 1 로 응하고 있는 수도 있다. 백 2 이하 10 까지가 예

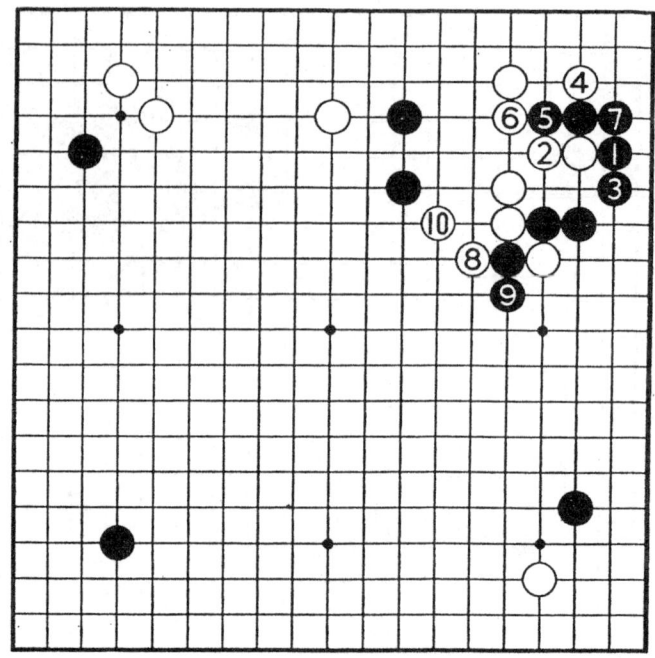

3 도

상된다.

옛날에는 秀策의 마늘모라 하면 흑이 사용했는데, 그 후에는 차츰 백이 사용하는 케이스가 늘었다.

◇학습의 포인트 8

(1) 상대의 귀의 착수가 화점이냐 소목이냐에 따라 착수가 좌우된다.

(2) 화점을 뒤로 백의 소목의 돌에 걸쳐 가는 케이스가많다. (예 : 제 3 형 흑 5)

판 권
본사
소 유

35. 혼자서 배우는 포석기초

2014년 5월 20일 인쇄
2014년 5월 30일 펴냄

엮은이/ 프로바둑연구회
펴낸이/ 최   상   일
펴낸곳/ ㅅ乙出版社
서울특별시 중구 신당6동 52-107 (동아빌딩내)
등록/1973년 1월 10일(제4-10호)

▪주문 및 연락처

우편번호 100-456
서울특별시 중구 신당6동 52-107 (동아빌딩 내)
전화 / 2237-5577 팩스 / 2233-6166
ISBN 89-493-0351-5   13690

"당신의 바둑실력이 두 배로 는다.!!"

최신판!! 프로바둑강좌시리즈

'머리의 바둑'은 '공격을 겸한 방어'이자, '방어를 위한 공격'이다.!!

"당신의 바둑실력이 두 배로 는다.!!"

최신판!! 프로바둑강좌시리즈

'머리의 바둑'은 '공격을 겸한 방어'이자, '방어를 위한 공격'이다.!!

프로바둑강좌 / 초급이상

6 초급 바둑 입문
本因坊 石田芳秀 지음·

7 초급 포석 입문
10단 加藤正夫 지음·

8 초급 정석 입문
9단 林海峰 지음·

9 초급 맥 입문
名人 大竹英雄 지음·

10 초급 접바둑 입문
本因坊 武宮秀樹 지음·

프로바둑강좌 / 중급이상

6 한집만들기 한집없애기
9단 高木祥一 지음·

7 큰 곳보다 급한 곳으로
9단 石田芳夫 지음·

8 패에 강해진다
9단 加藤正夫 지음·

9 승부바둑에 강해지는 법
9단 藤沢秀行 지음·

10 실전의 마술
9단 山部俊郎 지음·

프로바둑강좌 / 고급이상

6 잡으려하지말고위협하라
9단 大竹英雄 지음·

7 살려고하지말고공격하라
9단 林海峰 지음·

8 달아나지 말고 넘어가라
9단 武宮秀樹 지음·

9 선수로살고선수로잡는법
9단 山部俊郎 지음·

10 요령있게 패쓰는 법
9단 石田秀芳 지음·